MICHAEL ESDERS

SPRACHREGIME

MICHAEL ESDERS

SPRACHREGIME

Die Macht der politischen Wahrheitssysteme

DIE WERKREIHE VON TUMULT **#10**
Herausgegeben von Frank Böckelmann

MANUSCRIPTUM

Impressum

Zehnte Ausgabe der Werkreihe TUMULT, dritte Auflage Dezember 2020
Herausgegeben von Frank Böckelmann/TUMULT. *Vierteljahresschrift für Konsensstörung*, Dresden
www.tumult-magazine.net

Gestaltung & Herstellung
Autorenfoto Michael Esders: © Michael Esders
Lektorat: Horst Ebner, Wien
Gestaltung: Thomas Löffler, Berlin

Titelnummer: 10610
ISBN: 978-3-948075-14-9

www.manuscriptum.de

INHALT

»Die fast unlösbare Aufgabe besteht darin, weder von der Macht der anderen, noch von der eigenen Ohnmacht sich dumm machen zu lassen.«

Theodor W. Adorno

EINLEITUNG

Wie konnte es gelingen, eine Agenda durchzusetzen, die den Interessen der Mehrheit eklatant widerspricht und deren zerstörerische Folgen keinem unverstellten Blick entgehen können? Wie war und ist es bis heute möglich, in der Migrations-, Klima- und Identitätspolitik die Evidenz des Augenscheinlichen und Offensichtlichen dauerhaft außer Kraft zu setzen? Diese Fragen haben die vorliegenden Überlegungen schon zu einer Zeit provoziert, als sie kaum mehr als ein erstauntes Entsetzen waren, das sich gegen die Formulierung sperrte. Es liegt nahe, in einer orchestrierten Öffentlichkeit, einem monolithisch auftretenden politisch-medialen Komplex und der undurchdringlichen Phalanx aller gesellschaftlichen Akteure von den Parteien bis zum Bildungssystem, von den Kirchen bis zu den Gewerkschaften, von den Industrieverbänden bis zu den Nichtregierungsorganisationen entscheidende Faktoren zu sehen. Auch psychologische, psychopolitische oder geschichtsphilosophische Erklärungsmuster, die etwa auf transgenerationale Schuldkomplexe, historisch bedingte Identitätsstörungen oder Verfallserscheinungen der westlichen Zivilisation insgesamt abheben, drängen sich auf. Viele dieser Begründungen sind zumindest in Teilaspekten plausibel, aber keine kann, für sich genommen, die kollektive Ausschaltung rationaler Interessenkalküle und den dauerhaften Verstoß gegen elementare Anforderungen der Selbsterhaltung erklären. Es muss etwas hinzukommen, das die umstandslose Verinnerlichung systemischer Imperative und die reibungslose Organisation von Zustimmung für interessenwidrige, selbstzerstörerische Ziele ermöglicht. Etwas, das dem Fremdbestimmten stärkste intrinsische Motive unterlegt und zugleich der gewünschten Deutung jene Durchgängigkeit verleiht, aus der sich auch gegen alle Vernunft und nahezu nach Belieben Wahrheits- und Legitimitätsansprüche ableiten lassen.

Die Unwiderstehlichkeit der Denk- und Wahrnehmungszwänge lässt auf ein umfassendes Sprach- und Deutungsregime schließen: Dies ist eine Hypothese, die sich im Folgenden als Antwort auf die Eingangsfragen zu bewähren hat. Ein solches Sprachregime blendet unerwünschte Aspekte aus und stellt erwünschte ins Rampenlicht. Es liefert Evidenzen, die gegen empirische Widerlegung immun sind, und stattet partikulare Deutungen mit dem Schein universeller Gültigkeit aus. Es verwandelt Zweifelhaftes und Fragwürdiges in Selbstverständliches und verleiht Halbwahrheiten eine auftrumpfende Unabweisbarkeit. Seine Semantik hat sich überdies als psychopolitisches Relais bewährt, das Ressentiments mit guten Gründen unterlegt und schlechte Gründe mit Affekten speist, die ihre mangelnde Tragfähigkeit vergessen lassen.

»Weil ein Vers dir gelingt in einer gebildeten Sprache, / Die für dich dichtet und denkt, glaubst du schon Dichter zu sein.«[1] So charakterisierte Friedrich Schiller den dilettierenden Dichter, der sich mit fremden Federn schmückt, die er für seine eigenen hält. Der eigene Ausdruck ist selbst dort nur geborgt, wo er unverwechselbar erscheint. Er ist individuell, insoweit es die Sprache zulässt und erlaubt. Wer originell ist, der ist es von ihren Gnaden. Er ist und bleibt, in den Worten von Karl Kraus, »nur einer von den Epigonen, / die in dem alten Haus der Sprache wohnen«[2]. Diese an sich unverdächtige ästhetische Qualität der Zuvorkommenheit macht die Sprache für Meinungslenker interessant, die gezielt in die Vorbildung der Worte und Sätze eingreifen, um das Denken, Wahrnehmen und Fühlen in ihrem Sinn zu steuern. Die Sprache verführt dazu, sich das Denken abnehmen zu lassen. Das Gängelband ihres Vordenkens bleibt meist im Verborgenen. Sie »dichtet und denkt nicht nur für mich, sie lenkt auch mein Gefühl, sie steuert mein ganzes seelisches Wesen, je selbstverständlicher, je unbewußter ich mich ihr überlasse«[3], schrieb Victor Klemperer, der Schillers Verse in seiner Untersuchung des NS-Jargons zitierte. Der *gegenbildlichen* Identität und Staatsräson der Bundesrepublik entsprechend, hat sich eine LTI mit umgekehrten Vorzeichen ausgebreitet. Die Sprache wurde zu dem, was ihre emanzipatorischen Leitbegriffe am entschiedensten negieren. Sie konnte es werden, weil sie mit »Anti« imprägniert ist und das »Nie wieder« so ausstellt, dass niemand die Offensichtlichkeit des »Wieder« wahrnehmen muss. Es handelt sich um eine bunttümelnde Eintönigkeit, die von der Suggestion der Unausweichlichkeit lebt. Diese verdankt sich nicht allein geballter, konzertierter Medienmacht, sondern der einschüchternden Konkordanz der Setzungen und Wendungen, der Begriffe, Metaphern und Narrative.

Das Terrorregime der NS-Diktatur war *auch* ein Sprachregime. Der smarte Totalitarismus der Vielfalt und Differenz, dessen Konturen sich immer deutlicher abzeichnen, ist *vor allem* und primär ein Sprachregime. Er setzt auf eine semantische Meinungslenkung im Vorfeld des Diskurses, dessen Institutionen er äußerlich intakt lässt, und kann auf offene Repression verzichten, solange die Maschinen der Selbstbewahrheitung effizient und widerstandslos arbeiten.

Die Wirkung des Sprachregimes entfaltet sich nicht vorrangig auf der Wortebene. Es ist deshalb auch nur schwer lexikalisierbar und kaum in ein Wörterbuch des Un- oder Gutmenschen zu bannen. Wie zu zeigen sein wird, bildet die Semantik der Entgrenzung und Entortung »Wahrheitssysteme« aus. Diese entkoppeln sich so weitgehend von der empirisch belegbaren Realität, dass sie einzig diejenigen Wahrheitskriterien erfüllen müssen, die sie selbst aufgestellt haben (Kapitel I). Die »Narrative der Hypermoral« erzeugen einen Zwang zur Personalisierung und fördern schon strukturell eine schrankenlose Gesinnungsethik. Die Erzählungen der »Willkommenskultur« und des menschengemachten Klimawandels setzen diskursive Standards außer Kraft, indem sie eine »moralische Kohärenz«[4] über die Stringenz der Begriffe und Urteile, letztlich den Mythos über die Theorie triumphieren lassen (Kapitel II). Das Differenzdenken der postmodernen Linken überträgt das in der Deutung von Texten erprobte Verfahren der Dekonstruktion auf die Politik. Dabei verfestigt es sich zu einer nahezu undurchdringlichen »Matrix der Differenz«, in der alle Formen der Identität und des kollektiven Selbst nicht nur unter Generalverdacht stehen, sondern buchstäblich undenkbar werden (Kapitel III).

Gemeinsam ist diesen Formationen, dass sie den Raum des Sag- und Denkbaren wie ein Äther ausfüllen. Von einem »Lügenäther« sprach Peter Sloterdijk 2016 mit Blick auf die deutsche Migrationspolitik und die Rolle der Medien.[5] Das ätherische Element der Lüge ist Sprache. Semantik sorgt für die Materialisation des Scheins, sie objektiviert ihn. Sie verschaltet die Wahrnehmungen, passt sie ins gewünschte Raster ein und verleiht ihnen eine Konsistenz, die jedes Wahrheitskriterium spielend zu erfüllen scheint.

Sprache webt den Schleier, den einzig sie zu durchdringen vermag. Man lüftet ihn mitunter für einen Moment und an einer Stelle, um ihn im nächsten Augenblick wieder zu senken und noch weiter als zuvor auszubreiten. So weit, dass man seine Fadenscheinigkeit vergisst und den Blick darunter, den man erhaschen konnte, schon wenig später für eine Halluzination hält.

Eine Äußerung des sächsischen Ministerpräsidenten Michael Kretschmer auf einer Pressekonferenz im August 2018 war eine solche Enthüllung. Im Zusammenhang mit den behaupteten »Hetzjagden« in Chemnitz sprach er von einem »Angriff auf unsere Wahrheitssysteme« und plauderte damit das Betriebsgeheimnis eines konstruktivistischen Absolutismus aus.[6] Wahrheiten sind organisierbar, gibt diese Äußerung zu verstehen. Aus diesem Konstruktivismus leitet sie allerdings keine Relativierung der eigenen Position, sondern – im Gegenteil – einen unbedingten Geltungsanspruch und Verteidigungsauftrag ab. Dieser erstreckt sich nicht nur auf Sprache und Erkenntnis, sondern auch und vor allem auf die Politik. Die eigenen Werte und Wahrheiten sind auf eine Weise verbindlich und verpflichtend, dass jeder Widerspruch als »Angriff« betrachtet wird, dessen Abwehr den Einsatz aller Mittel rechtfertigt. Nur wer die Wirkungsweise solcher »Wahrheitssysteme« versteht und ihr semantisches Betriebssystem entschlüsselt, kann die Macht des Sprachregimes brechen. Dazu möchten die folgenden Überlegungen beitragen.

WAHRHEITSSYSTEME

KAMPF UM BEGRIFFE

Der Kampf um Begriffe und ihre Bedeutung ist so alt wie das Politische selbst. Macht ist Definitions- und Deutungsmacht, und Souveränität bemisst sich nicht zuletzt auch nach der Fähigkeit, die Verwendung von Begriffen vorzuschreiben und gewünschte Deutungen durchzusetzen. Umgekehrt muss derjenige, der politische Macht anstrebt, nicht nur ihr kulturelles, sondern auch ihr semantisches Vorfeld erobern. Dieser Weg ist auch aus einer Position der Schwäche heraus nicht aussichtslos, weil Bedeutungen nie ein für alle Mal festgelegt sind. Ihnen eignet trotz aller sprachpolitischen Reglementierungsversuche ein unverfügbares Moment, das sich letztgültiger Definition widersetzt und somit Ansatzpunkte für Veränderungen bietet. Die Vertreter der herrschenden Deutung müssen die konstitutive Unausdeutbar- und Unabschließbarkeit politischer Semantik, die sich auch durch konzertierte Sprachregelungen nicht austreiben lässt, jederzeit fürchten.

Nicht nur die parlamentarische Demokratie, sondern alle politischen Systeme und Herrschaftsformen zeichnen sich, nach Antonio Gramscis Einschätzung, »durch eine Kombination von Zwang und Konsens aus«[7], wobei über letzteren die Semantik ins Spiel kommt. Das Verhältnis und die Gewichtung zwischen institutionellen Zwängen einerseits und der an Bedeutungen gekoppelten Zustimmungs- und Überzeugungsfähigkeit andererseits zeigen sich je nach politischem System höchst unterschiedlich. Wer den konsensuellen, sprachgebundenen Anteil reduzieren möchte, muss sich auf einen überproportional steigenden Kontroll- und Repressionsaufwand einstellen. Dauerhaft auf null bringen lässt er sich in keinem System. »Denn die Handlungen der Menschen entspringen aus ihren Meinungen«, schreibt Thomas Hobbes, »und in der guten Lenkung der Meinungen besteht die gute Lenkung der menschlichen Handlungen in Hinsicht auf ihren Frieden und ihre Eintracht.«[8] Selbst der Leviathan muss sich auf Meinungslenkung verstehen und ist somit auf Worte angewiesen, deren Unschärfen er in Kauf nehmen muss.

Anders als Hobbes, der die Sprache an dieser Stelle nicht erwähnt, legt Konfuzius die vollständige Kausalkette politischer Lenkung offen und lässt sie bei den Begriffen beginnen. Die »Richtigstellung der Begriffe«[9] sei die vordringlichste Aufgabe bei einer Regierungsübernahme, sagt der Weise, der sich als Politikberater zur Verfügung stellt. »Wenn die Begriffe nicht richtig sind, so stimmen die Worte nicht; stimmen die Worte nicht, so kommen die Werke nicht zustande; kommen die Werke nicht zustande, so gedeiht Moral und Kunst nicht; gedeiht Moral und Kunst nicht, so treffen die Strafen nicht; treffen die Strafen nicht, so weiß das Volk nicht, wohin Hand und Fuß setzen.«[10] Wer indes das Volk ganz bewusst darüber im Unklaren lassen möchte, »wohin Hand und Fuß« zu setzen sind, könnte die Vorzeichen dieser Empfehlung auch umkehren und statt auf eine Klärung auf gezielte Begriffsverwirrung setzen.

Die sanften Denkzwänge der Semantik dienen der Beschaffung und Organisation von Zustimmung. Sie werden dort wirksam, wo man sich nicht allein auf institutionalisierte Verfahren der Meinungs- und Willensbildung verlassen möchte. Der Vorteil einer weitgehend vorthematisch operierenden Begriffspolitik besteht darin, dass sie sich an das diskursive Prozedere, zumindest dem Anschein nach, hält, weil ihre Ausschließlichkeit im Verborgenen bleibt und im Vorfeld der Diskurse wirkt. Nachteilig sind aus Sicht der Hegemonen allerdings die schon erwähnten Unschärfen des Semantischen, die zuverlässige, eindeutig reproduzierbare, monokausale Wirkmuster ausschließen und immer Raum für alternative, gegenläufige, häretische Deutungen lassen. Zudem unterliegt die Wirkung semantischer Politik dem Strukturwandel der Öffentlichkeit und insbesondere den zum Teil einschneidenden Veränderungen ihrer technologischen Infrastruktur. In einer von den klassischen Massenmedien mit ihren starren, einseitigen Sender-Empfänger-Strukturen geprägten Öffentlichkeit lassen sich die gewünschten Deutungen vergleichsweise leicht etablieren und majorisieren. Die digitalen Medien und Sozialen Netzwerke mit ihren schwer beherrschbaren Schneeballeffekten haben die Gefechtsordnung auf beiden Seiten verändert. Einerseits begünstigen die neuen Partizipationsmöglichkeiten eine alternative Öffentlichkeit und kommunikative Graswurzelbewegungen, was eine restriktive Begriffspolitik erschwert. Andererseits haben semantische Suchfunktionen und Sprachalgorithmen die Zensur auf eine neue Grundlage gestellt und ihre Zugriffsmöglichkeiten erheblich erweitert.

In der polarisierten Öffentlichkeit der deutschen Migrationsdebatte seit 2015 haben sich die Begriffskämpfe ausgeweitet und intensiviert. Es wurde und wird über »Meinungskorridore« und ihre Breite gestritten, als gehe es um Verteilungsfragen. Die Versuche, eine verbindliche Sprachregelung durchzusetzen, trafen auf heftigen Widerstand in der alternativen Blogosphäre. Die wachsende Dichte an Wortschöpfungen und verbalen Kontern im Spektrum zwischen »Geflüchteten« und »Asylforderern«, »Schutzsuchenden« und »Invasoren«, »Traumatisierten« und »Messermännern« oder »wertvoller als Gold« und »Goldstück« deutet auf eine beispiellose semantische Aufrüstung hin. Die Skala von »Klimaerwärmung« über »Heißzeit« bis »Die Erde brennt« zeigt den Erhitzungsgrad der Klimadebatte an, die semantisch auf die gewünschte Temperatur gebracht wird. Begriffe aus der Sphäre der Sprachpolitik wie »Lügenpresse«, »Hassrede« und »Fake News« sind in aller Munde und ihrerseits heftig umkämpft. Auch in den viel zitierten Ranglisten der Wörter und Unwörter des Jahres belegt das sprachpolitische Vokabular seit einigen Jahren vordere Plätze. Es versteht sich von selbst, dass diese Listen und Jahresrückblicke kein neutrales Terrain sind. Die Auswahl ist eminent politisch und trägt dazu bei, dem Begriff den gewünschten *Spin* zu geben: So wurde »Lügenpresse«, als Leitbegriff der Pegida-Bewegung, von der Jury am Institut für Sprach- und Literaturwissenschaft der TU Darmstadt als Unwort des Jahres 2014 gebrandmarkt, während »postfaktisch« zwei Jahre später von der Gesellschaft für deutsche Sprache schon deshalb als Wort des Jahres geadelt wurde, weil es als Etikett des rechten Populismus taugte. Die Ächtung des Begriffs »Klimahysterie« als Unwort des Jahres 2019 wollte als Kritik an der Diffamierung der Klimabewegung verstanden werden, diente aber vor allem der Diffamierung der Kritik.

»Sprachpolitik hat Konjunktur«[11], stellt der Linguist Henning Lobin fest, verortet diese aber vor allem im rechten politischen Spektrum, das

Sprache als Vehikel »für grundlegende politische Positionierungen« heranziehe. Die Kritik an der Gendersprache befördere traditionelle Gesellschaftsbilder, die an der politischen Korrektheit sei »Medium für die *Legitimation populistischer Diskurspraktiken*«.[12] Und in der Betonung der Schutzbedürftigkeit der deutschen Sprache sieht Lobin den Ausdruck eines kulturellen Dominanzdenkens. Dass diese Forderungen konservativer und rechter Sprachpolitik die Reaktion auf ein linkes, dekonstruktives Sprachregime sein könnten, welches seine Hegemonie seit Jahrzehnten behauptet und fortwährend ausbaut, zieht der Sprachwissenschaftler nicht in Betracht.

Die Sprachreflexion führt nicht aus der Arena der sprachpolitischen Auseinandersetzung heraus, sondern weitet sie maßlos aus. Ein weiteres Indiz für diese Entwicklung ist, dass ein literarischer Text wie George Orwells *Nineteen Eighty-Four* zum Gegenstand politischer Deutungskämpfe wurde. Als der Roman im Januar 2017, also fast siebzig Jahre nach seinem Erscheinen, erneut die Bestsellerlisten erklomm, wurden die Kritiker Donald Trumps nicht müde, die neue Popularität des dystopischen Klassikers mit seinem Amtsantritt und seiner »postfaktischen« Politik in Verbindung zu bringen. Mit gleicher Berechtigung indes konnte die Gegenseite in der »Newspeak« des Romans eine Vorwegnahme jenes Regimes politischer Korrektheit sehen, dem Trump den Kampf angesagt hatte.

Auch bei der Bekämpfung oppositioneller Gruppierungen und Parteien werden Begriffe und Bedeutungen ins Visier genommen. Über die Kriminalisierung ihrer Sprache und die Enteignung ihres Vokabulars versucht man die AfD zu treffen und zum Verstummen zu bringen. Der Literaturwissenschaftler Heinrich Detering qualifizierte die Sprache Alexander Gaulands in seiner Untersuchung rechtspopulistischer Rhetorik als »Jargon von Gangstern«.[13] Diese und ähnliche Analysen – Deterings Versuch ist nur ein Beispiel von vielen – tragen dazu bei, die Untersuchungsbedürftigkeit des hegemonialen Sprachspiels zu verbergen. Sie sind ihrerseits ein Manöver in der großen sprach- und metapolitischen Auseinandersetzung.

Die Sprache steht auch im Fokus des Verfassungsschutzes. Er operiert mit einem Index der verbotenen Wörter, der Begriffe wie

»Umvolkung« oder »Überfremdung« enthält, beliebig erweiterbar ist und die AfD zwingt, mit eigenen, internen Sprachregelungen und Sprechverboten zu reagieren. Das genealogische Prinzip steht unter Verdacht, aber alles, was auch nur eine entfernte Familienähnlichkeit mit einem ethnischen Volksbegriff aufweist, wird mit genealogischem Eifer verfolgt und in Sippenhaft genommen. Vorstufe der Kriminalisierung ist die Moralisierung der Begriffe, die sie einem zweiwertigen System unterstellt. Dabei werden alle Bedeutungsnuancen und -schattierungen, alle Wägbar- und Unwägbarkeiten zugunsten einer simplen Binarität von »moralisch und »unmoralisch«, »gut« und »böse«, schließlich dann »erlaubt« und »verboten« getilgt. Die politische Semantik führt hier zu einem radikalen Bedeutungsentzug.

Politische Signifikanten wie »rechts«, »menschenfeindlich«, »rassistisch«, »Hetzer« oder »Nazi« sind einerseits austauschbar und überaus flexibel. Umfang und Inhalt dieser Begriffe können jederzeit wechselnden Erfordernissen angepasst werden. Wer die Theorie des anthropogenen Klimawandels kritisiert oder die Energiegewinnung durch Kohle verteidigt, muss ebenso damit rechnen, als »Nazi« etikettiert zu werden, wie ein Kritiker der Genderpolitik, der Frühsexualisierung oder des gebührenfinanzierten Rundfunks. Andererseits haben diese Markierungen die Unauslöschlichkeit von Brandzeichen. Sie machen die Bezeichneten zu Gezeichneten und sind darin das Gegenteil von arbiträr. Die Stigmatisierung, als Extremform der politischen Semantik, funktioniert als hochkomplexes System. Archaische Formen der Zu- und Einschreibung werden mit algorithmischer Präzision vollstreckt. Allerdings verwickelt sich diese Begriffspraxis in ein bedeutungsökonomisches Problem: Die Bezeichnung »Nazi« rekurriert auf eine unvergleichliche Monstrosität, das Böse schlechthin. Die Wirkung des Stigmas verdankt sich dieser Singularität und Unvergleichlichkeit, die immer wieder erinnerungspolitisch beglaubigt und bekräftigt wird. Zugleich aber ist jede Erweiterung und Übertragung eine – zumindest implizite – Relativierung und damit auch Entwertung. Der inflationäre Gebrauch würde die Waffe abstumpfen, gäbe es nicht einen Ausweg: Der Eindruck der Beliebig- und Wahllosigkeit der Zuschreibung lässt sich dadurch zerstreuen, dass er als

Allgegenwärtigkeit und Ubiquität ausgelegt wird. Diese sind nicht nur göttliche, sondern auch teuflische Attribute, Kennzeichen des absolut Bösen. So gedeutet, steht der Befund, es gebe viele und immer mehr »Nazis«, nicht mehr im Widerspruch zur behaupteten Singularität; er bestätigt sie.

Die politische Semantik dient der begründungslosen Beglaubigung. Ein Mittel ist die Vortäuschung von Bedeutsamkeit durch historische Analogien und Reminiszenzen. So werden etwa historische, kulturgeschichtliche und sogar mythologische Referenzen »Europas« mit der Absicht aktiviert, dabei zumindest ein wenig vom Glanz des ehrwürdigen Namens auf die Europäische Union oder den Euro zu übertragen. Die Strahlkraft kann jedoch nur dann auf die Brüsseler Bürokratie umgeleitet werden, wenn es gelingt, eine enge semantische Verbindung zwischen den Bezeichnungen herzustellen, die sich im nächsten Schritt auch auf das Bezeichnete überträgt. Der Aufwand dafür zahlt sich aus: Hat sich die synonyme Verwendung von »Europa« und »EU« erst einmal durchgesetzt, sind auch die Kritiker der EU-Bürokratie leicht als diejenigen zu entlarven, die sich gegen Europa stellen. »Die historische oder sich historisch dünkende oder historisch ambitionierte Handlung rückt in die Zone der Fraglosigkeit«, schreibt Hans Blumenberg, »wer sie in Frage stellt, mißachtet, worauf sie sich beruft.«[14] Die historische Bedeutsamkeit ist heute schwerer identifizierbar als früher, weil sie meist ohne das Pathos vergangener Jahrzehnte, ohne den »Mantel der Geschichte« auskommt und sich routiniert, wenn nicht gar automatisiert vollzieht. Der Satz »Scheitert der Euro, dann scheitert Europa«, der milliardenschwere Finanzhilfen und Rettungsprogramme rechtfertigte, ist eine Schwundstufe der von Blumenberg untersuchten Bedeutsamkeitsproduktion. Der doppelte Boden ist eine Attrappe, die über die fehlende Gründung hinwegtäuscht. Die überspannte Metonymie erzeugt ein Klima der Alternativlosigkeit, sie verleiht »einer Entscheidung, die von äußerster Kontingenz, also Unbegründbarkeit sein mag, Legitimität«.[15]

Auch unter negativen Vorzeichen ist dieses Verfahren vielfach erprobt und bewährt sich immer wieder aufs Neue. Allgegenwärtig sind die Konnotationen unvergleichlicher, untilgbarer deutscher Schuld oder eines toxischen, zu überwindenden Nationalismus. Sätzen, die »vor dem Hintergrund unserer deutschen Geschichte« gesagt werden, ist schwer zu widersprechen. In exklusiver Weise beanspruchen sie, die richtigen Schlüsse aus der historischen Katastrophe gezogen zu haben. Wer dies für sich reklamieren kann, muss außerhalb der historischen Referenz nicht mehr überzeugend oder folgerichtig sein. Die unvergleichliche Schuld ist ein unerschöpfliches Reservoir der Unbedingtheit. Die Berufung auf den Abgrund der zivilisatorischen Katastrophe erspart eine weitere Fundierung. Ein Satz, der ohne diesen historisch korrekten Generalbass auszukommen versucht und beispielsweise »Nation« ohne die »Katastrophe des Nationalismus« akzentuiert, macht sich hingegen mehr als verdächtig. Gute Gründe können ihn nicht mehr retten.

Schärfste Waffe der politischen Semantik ist hierzulande der NS-Vergleich. Die These seines schleichenden oder galoppierenden Wirkungsverlusts wurde im Februar 2020 anlässlich der Wahl des FDP-Politikers Thomas Kemmerich zum Thüringer Ministerpräsidenten mit Stimmen der AfD einmal mehr widerlegt. Nach einem kurzen Stocken und anfänglichen Leerlauf der Deutungsroutinen brachten Politiker und assistierende Medien die vernichtenden Analogien effektvoll in Stellung. Sie wurden nicht müde, auf die erste Regierungsbeteiligung der NSDAP im Land Thüringen zu verweisen, die dem »Dammbruch« im Landtag neunzig Jahre voranging. Ein Foto, das den Thüringer AfD-Vorsitzenden Björn Höcke bei der Gratulation Kemmerichs zeigte, wurde mit dem negativ-ikonischen Motiv des »Tags von Potsdam« überblendet. Höcke verbeugte sich bei der Gratulation des FDP-Politikers ebenso wie Adolf Hitler beim Händedruck mit Paul von Hindenburg. Eine vage bildkompositorische Ähnlichkeit genügte, um einem Vergleich, der nicht einmal mehr hinkte, unbedingte Beweiskraft zu verleihen und die These vom »historischen Dammbruch« und »politischen Sündenfall« zu bekräftigen.

Das Unisono der Medien und der »Druck der Straße«, der sich wie auf Knopfdruck aufbaute, verliehen der Analogie augenblicklich Nachdruck. Ihr Resonanzraum erweiterte und schloss sich zugleich, so dass niemand ihm entrinnen konnte. Die Analogie materialisierte sich auf

Transparenten und Hausfassaden als Schandmal. Die Engführung der geschichtlichen mit den aktuellen Ereignissen ließ keinen Zweifel: Das Verhängnis, das hier seinen Lauf nahm, konnte nur in *der* historischen Katastrophe enden. Von der »Endstation: Buchenwald«[16] sprach ZDF-Chefredakteur Peter Frey in seinem Kommentar zu den Ereignissen von Erfurt.

Die NS-Analogie zombifiziert die Geschichte, verwandelt sie in eine Historie der Untoten. Damit ermöglicht sie es den Hegemonen der Deutung, Widersacher als Wiedergänger zu stellen. Rational lässt sich die grundsätzliche Paradoxie, dass das Relatum das schlechterdings Unvergleichliche ist, dieses aber gerade durch den Vollzug des Vergleichs selbst relativiert wird, nicht auflösen. Benjamin-Immanuel Hoff, Staatskanzleichef auch im neuen Kabinett von Ministerpräsident Bodo Ramelow, richtete nach eigenen Angaben bei der – vorläufigen – Übergabe der Staatskanzlei folgende Worte an Kemmerich: »Sie müssen damit leben, ein Ministerpräsident von Gnaden derjenigen zu sein, die Liberale, Bürgerliche, Linke und Millionen weitere in Buchenwald und anderswo ermordet haben.«[17] Hoffs Ausweg aus der Aporie des NS-Vergleichs ist die buchstäbliche Identifikation beider Vergleichsobjekte. Nur so blieb die Singularität gewahrt. Obwohl dieser Weg rational nicht gangbar ist, wurde er kollektiv nachvollzogen.

Die Deutung mündete in ein Delirium der Gleich- und Ineinssetzungen. Die Wahl Kemmerichs mit den Stimmen der AfD-Abgeordneten – der Mörder von Buchenwald – war ein »Zivilisationsbruch«, der mit allen Mitteln »rückgängig gemacht werden« (Angela Merkel) musste, was alsbald auch geschah. Einen Tag später kündigte Kemmerich seinen Rücktritt an. Die NS-Einschreibung löste im Umfeld der Gezeichneten heftige Abwehrreflexe aus. Mit öffentlichen Unterwerfungsgesten und Bußritualen versuchten seine Parteikollegen, dem Bann der Analogie zu entkommen und das Stigma fernzuhalten. Die Absetzbewegungen erfassten das ganze bürgerliche Lager. Sie führten zu einer Verschiebung nicht nur einzelner Koordinaten, sondern des gesamten politischen Bezugssystems, das sich am Antifaschismus neu kalibrierte. So gelang es der Linken, eine empfindliche Abstimmungsniederlage in einen großen sprach- und damit auch machtpolitischen Erfolg umzumünzen.

ÜBER UMWEGE INS GEHIRN

Das Bewusstsein der politischen Funktion von Bedeutungen war vermutlich nie ausgeprägter als heute. Gleichzeitig ist die Wirkung neurolinguistischer Eingriffe nach wie vor dort am größten, wo diese sich unbewusst vollziehen. Auch der Effekt der Public Relations hängt davon ab, dass ihre Wirkungsketten verschleiert werden und nicht unmittelbar ins Bewusstsein dringen. Edward Bernays, der als Wegbereiter der PR gilt, stellt in seinem Standardwerk *Propaganda* (1928) fest, dass sich Verkaufswiderstände der Kunden nicht oder nur schwer im »Frontalangriff«,[18] also etwa mit planen Kaufappellen, brechen lassen. Vielmehr empfiehlt es sich laut Bernays, auf subtilen Wegen »Umstände« zu schaffen, »die emotionale Bewegung erzeugen und dadurch für Nachfrage sorgen«.[19] Weil es die Kunden verstimmt, wenn die Verkaufsabsicht allzu offensichtlich wird, ziehen PR-Strategen die weitgespannte »Assoziationskette«[20] der direkten und unverhüllten Werbebotschaft vor. Bernays verweist auf die Branche der Klavierbauer. Wer den Absatz seines Instruments steigern möchte, ist gut beraten, zunächst auf eine marktschreierische Anpreisung zu verzichten und stattdessen den Umweg zu wählen: Er nimmt Kontakt mit Innenarchitekten auf, um sie dazu zu bewegen, in ihren Entwürfen ein Musikzimmer oder eine Musikecke zu berücksichtigen. Er lanciert diese Idee in Architekturzeitschriften und verbreitet sie über meinungsbildende Prominente, um sie mit gesellschaftlichem Prestige auszustatten. Er organisiert Wohnausstellungen, bei denen – scheinbar beiläufig – ein Pianist auftritt.

Solche Umwege geht auch die Semantik, die unterschwellig und präreflexiv wirkt. Sie schleicht sich auf »leisen Sohlen ins Gehirn«[21]. Exemplarisch dafür sind Wendungen wie »Wir brauchen keine neuen Mauern« oder »Mauern können keine Lösung sein«, die Befürworter einer »offenen« Gesellschaft als Argumentationsattrappen verwenden. Sie diskreditieren die Forderung nach einem besseren Grenzschutz, indem sie das Wortfeld »Grenze« mit Assoziationen von Stacheldraht, Todesstreifen, Schießbefehl oder Selbstschussanlage belegen und mit Vorstellungen aus dem Bilderpool des Kalten Kriegs füllen. Wenn die

Berliner Mauer oder die deutsch-deutsche Grenze metonymisch für die Grenze schlechthin stehen, also der monströse Sonderfall einer Grenze zu ihrem Inbegriff wird, bedarf das »No Borders!« keiner Begründung oder Rechtfertigung mehr. Sogar die Konrad-Adenauer-Stiftung stützte sich auf diese metaphorische Pseudoevidenz, indem sie am 13. August 2018, zum Jahrestag des Mauerbaus, Fotos von Grenzschutzanlagen in Israel und den USA twitterte und in emblematischer Manier mit dem Kommentar »Zu viele Mauern und Sperranlagen weltweit« versah. Dass sich eine Mauer, die nach innen wirkt und den Zweck hat, das eigene Volk einzusperren, nicht mit der Sicherung der Landesgrenzen nach außen vergleichen lässt, tut der Wirkung dieser Deutung keinen Abbruch. Die Assoziationskaskade, die eine solche Wendung auslöst, ist so suggestiv, dass logisch-diskursive Widersprüche nicht mehr ins Gewicht fallen. Der Aussagegehalt dieser Bemerkung ist, dass die Sicherung einer Landesgrenze abzulehnen sei, weil die Berliner Mauer eine unmenschliche Monstrosität darstellt. Die Widersinnigkeit eines solchen Schlusses scheint seine Plausibilität nicht zu schmälern. Wer auf solche Wendungen zurückgreift, kann sich darauf verlassen, dass sich kaum jemand die Mühe macht, die logische Form und den Bedeutungsgehalt der Äußerung zu rekonstruieren.

»Verknüpfung ähnlicher Dinge, wenn sie auch nur oberflächliche Beziehungen zueinander haben, und vorschnelle Verallgemeinerung von Einzelfällen, das sind die Merkmale der Massenlogik«[22], erläutert Gustave Le Bon in seiner 1895 erschienenen *Psychologie der Massen*. Die Logik der Massen ist heute nicht mehr an deren physische Präsenz gekoppelt, sondern strukturell geworden. Semantik schlägt Logik, weil sie mentale Automatismen erzeugt. Oft genug wiederholt, prägen sich solche Wortfügungen dem Gehirn physisch ein, wie der Linguist George Lakoff darlegt: »Wenn wir zum Beispiel ein Wort oder einen Satz immer wieder hören, werden diejenigen neuronalen Schaltkreise, die seine Bedeutung ›errechnen‹, entsprechend häufig aktiviert. Und indem die Neuronen immer wieder in diesen Schaltkreisen feuern, werden die Synapsen stärker, und die Schaltkreise verfestigen sich.«[23] Dies führt dazu, dass die Übereinstimmung mit der Empirie als Wahrheitskriterium außer Kraft gesetzt wird. Was zählt, ist einzig die Kongruenz des Wahrgenommenen mit der neuronalen Struktur, die ihrerseits zu einer biologischen Tatsache wird, an der niemand vorbeikommt.

Wie sehr eine solcherart programmierte und zu einem Frame verfestigte Deutung ein ganzes Wortfeld okkupiert und beherrscht, zeigt sich in der verwandten Metaphorik der »Abschottung«. In der politischen Auseinandersetzung wird dieses Wort ausschließlich abwertend, pejorativ verwendet und richtet sich wahlweise gegen protektionistische Ansätze in der Wirtschaft- und Handelspolitik oder gegen die Forderung nach einer Begrenzung der Migration. Dass »Abschottung« schlecht ist und folglich niemand sie wollen kann, versteht sich dabei von selbst. Dabei sind »Schotten« in der hergebrachten Bedeutung die Trennwände, die den Rumpf eines Schiffes in mehrere Abteile untergliedern. Wer die »Schotten dichtmacht«, sperrt den Teil eines Schiffes ab, in dem sich ein Leck befindet, und verhindert so die Flutung der übrigen Teile. Diese Abschottung bewahrt vor dem Untergang und rettet Leben.

Eine weitere Strategie besteht darin, den Begriff »Grenze« moralisch aufzuladen und in die Nähe von »Ausgrenzung« zu rücken, wobei der geografische und staatsrechtliche Charakter in den Hintergrund gedrängt wird. In ihrer Rede zum 30. Jahrestag des Mauerfalls am 9. November 2019 griff Bundeskanzlerin Angela Merkel auf diesen semantischen Trick zurück: »Keine Mauer, die Menschen ausgrenzt und Freiheiten begrenzt, ist so hoch oder so breit, dass sie nicht doch durchbrochen werden kann.«[24] Damit ist zugleich die Politik der offenen Grenzen implizit gerechtfertigt, während umgekehrt die Verteidigung von Grenzen als moralisch unzulässige Exklusivität, ja als willkürlicher Gewaltakt erscheint. Das Konzept »Grenze« wird von Grund auf diskreditiert und delegitimiert. Hier zeigt sich, dass tagespolitische Einlassungen und Interventionen nicht selten Züge in einem viel größeren Spiel sind. Eine zunächst nur punktuelle Umdeutung kann eine semantische Achsenverschiebung mit unabsehbaren Folgen für den politischen und sogar staatsrechtlichen Diskurs auslösen. Hat sich die moralische Konnotation erst einmal durchgesetzt, gibt es kein Halten mehr, denn mit der »Grenze« wird nicht weniger als das territoriale Prinzip der Staatlichkeit aufgehoben.

Elisabeth Wehling, deren viel diskutierte Handreichung zur semantischen Imagepolitur der ARD den Begriff »Framing« in die breite Öffentlichkeit brachte, treibt diese Umdeutung auf die Spitze. »Wenn wir kognitiv eine Nation mit einem abgegrenzten, geografischen Gebiet auf einer Landkarte in Verbindung bringen, nutzen wir das Container-Schema und verstehen die *Nation als Gefäß*«[25], argumentiert die Linguistin. Damit wird der wörtliche, buchstäbliche Gebrauch des Begriffs in Frage gestellt und »Grenze« als geografische und geopolitische Kategorie kurzerhand aufgelöst. Die Schlussfolgerung, »dass das Fassungsvermögen einer Nation begrenzt ist«[26], erscheint als semantische Suggestion, als metaphorische Unterstellung, als sprachlich induzierter Fehlschluss. Die ökologische Linke weist seit Jahrzehnten auf die Begrenztheit natürlicher Ressourcen hin und kultiviert deren Endlichkeit als eigene Topik (»Die Grenzen des Wachstums«). Nun aber soll dies ausgerechnet für die wirtschaftlichen, sozialen, kulturellen, territorialen und natürlichen Ressourcen eines Landes nicht gelten. »Diese Metaphern-Kombination blendet aus, dass Ressourcen ausbaufähig sind und Zuwanderer zu ihrem Ausbau beitragen«[27], erklärt Wehling. Sie möchte in ihrem Buch die verborgene Wirkungsweise politischer Frames aufdecken und versteht ihre Analysen als Beitrag zu einer offenen, pluralistischen Debattenkultur. Aber ihre eigenen Ausführungen lesen sich streckenweise wie der Anhang zu *Nineteen Eighty-Four*, in dem Orwell die grammatischen Prinzipien der »Newspeak« entfaltet, der offiziellen Landessprache des Staates Oceania, der im Kern ein Sprachregime ist. Die Wörter dieser Sprache zwingen denen, die sie verwenden, eine wünschenswerte geistige Einstellung (»a desirable mental attitude«[28]) auf. Dass Wehlings Umdeutungsversuche auf ein solcherart verändertes ›Mindset‹ zielen, dokumentiert ihr im Februar 2019 an die Öffentlichkeit gelangtes Gutachten »Framing Manual« für die ARD.[29] Es erstaunt nicht, dass ihr Neusprechdesign begierig aufgegriffen wurde und ihr Buch zum linguistischen Vademekum der Linken avancierte. »Progressive Politik braucht eine progressive Sprache«[30], sagt der Grünen-Politiker Anton Hofreiter laut Klappentext. Er empfiehlt Wehlings Werk allen, »die nicht in Denk- und Sprachfallen ihrer politischen Gegner tappen, sondern die Welt mit jedem Wort ein Stück besser machen möchten«.[31] Treffender hätte es Orwells Gedankenpolizei nicht sagen können.

ANATOMIE EINES WAHRHEITSSYSTEMS

Er wolle keine »semantische Debatte« über ein Wort führen, sagte Regierungssprecher Steffen Seibert auf der Bundespressekonferenz am 3. September 2018. Seine Aussage bezog sich auf das von ihm verwendete Wort »Hetzjagden« und die Deutung der Ereignisse von Chemnitz am 26. August. Am Rande eines Stadtfests war der 35-jährige Daniel H. von Migranten durch Messerstiche getötet worden. Anschließend kam es zu Demonstrationen – und in deren Verlauf zu »Hetzjagden auf Menschen anderen Aussehens, anderer Herkunft«, wie Seibert am Tag danach erklärte. Die Ermittlungsbehörden widersprachen dieser Darstellung und wollten sich Seiberts Begriff ausdrücklich nicht zu eigen machen. Es ist bemerkenswert, dass ausgerechnet derjenige, dessen Metier die Sprache ist, zu verstehen geben möchte, dass ein Streit um Worte und Begriffe nicht lohne. Seibert redet die Semantik klein, aber zugleich stellt er die politische Bedeutungsproduktion – vermutlich unfreiwillig – ins Rampenlicht, indem er an exponierter Stelle seiner Rechtfertigung auf sie verweist.

Nicht zuletzt dank Seiberts Initiative war die vermeintliche Nebensächlichkeit, das Wort, längst zur Hauptsache geworden. »Schatten werfen Körper«[32], schrieb einmal Karl Kraus, womit er nicht nur die Ontologie von Platons Höhlengleichnis umkehrte, sondern auch die druckschwarze Magie der Presse und die Weltwerdung ihrer Phrasen aufs Korn nahm. Wie ein Wort zur Sache selbst mutiert, war in den anschließenden Debatten zu beobachten. Nicht nur die medialen Empörungswellen, sondern die gesamte politische Auseinandersetzung und sogar das politische Handeln bis hin zur Ablösung des Verfassungsschutzpräsidenten Hans-Georg Maaßen kristallisierten sich an diesem Begriff und seiner Deutung. Mit Hilfe des Frames gelang es, den tödlichen Messerangriff von Migranten auf Daniel H. und zwei weitere schwer verletzte Opfer weitgehend auszublenden,

Demonstrationen gegen diese Gewalttaten als durchweg fremdenfeindlich zu stigmatisieren und Chemnitz zu einem Synonym für Ausländerhass und Rechtsextremismus zu machen.

Dass Rechte Hetzer sind, lag schon vorher auf der Hand. Der Schritt zur nun behaupteten Buchstäblichkeit dieser Aussage war ein kleiner. »Hetzjagd« war nicht nur eine Deutung des Ereignisses, sondern das Ereignis selbst. Das reale Geschehen wurde zur Begleiterscheinung des Begriffs, der mit konzertierter Medienmacht in die Hirne gebrannt wurde und die Wahrnehmung bis zur Realitätsresistenz neu formierte. Die sogenannten gesellschaftlichen Multiplikatoren waren in dieser Situation tatsächlich nur noch dies: Multiplikatoren. Widerspenstige Fakten hatten sich dem Deutungsdiktat zu fügen, Anschauungen dem Begriff zu folgen. Er bestimmte, was in einem verwackelten Handyvideo zu sehen war. Diejenigen, die sich der herrschenden Deutung widersetzten, mussten irgendwann einsehen, dass sie nicht nur eine andere Ansicht vertraten, sondern kognitiv anders ausgestattet waren als die Vertreter der Mehrheitsmeinung – ein Eindruck, der den Ingenieuren der Mehrheitsmeinung in die Hände spielte. Die Synapsen waren inzwischen so fest verdrahtet, dass der Begriff »Hetzjagden« verzichtbar wurde. Fortan genügte die Nennung des Namens »Chemnitz«, um das gewünschte Frame zu aktivieren und die Dringlichkeit des Kampfs gegen rechts ins Bewusstsein zu rufen.

Sachsens Ministerpräsident Michael Kretschmer gestattete auf jener schon erwähnten Pressekonferenz zu den Ereignissen von Chemnitz einen Blick hinter die Kulissen des Deutungsregimes, als er von einem »Angriff auf unsere Wahrheitssysteme« sprach. Die Formulierung, die an Orwells »Ministry of Truth« erinnert, ist mehr als bemerkenswert. Ein Wahrheitssystem möchte sich nicht daran messen lassen, ob es mit der Wirklichkeit außerhalb übereinstimmt. Vielmehr unternehmen seine Verteidiger alles, um es gegen die Realität abzuschirmen und monadologisch abzudichten. Nicht der Realitätsbezug, sondern die systemische Geschlossenheit wird zum entscheidenden Wahrheitskriterium. Für Hannah Arendt ist diese Abdichtung und Verkapselung ein Merkmal des Totalitarismus. Die Wirkung der Propaganda beruhe darauf, dass »Massen an die Realität der sichtbaren Welt nicht glauben, sich auf eigene, kontrollierbare Erfahrungen nie verlassen, ihren fünf Sinnen mißtrauen und darum eine Einbildungskraft entwickeln, die durch jegliches in Bewegung gesetzt werden kann, was scheinbar universelle Bedeutung hat und in sich konsequent ist«.[33] Auf Massen wirke »nur die Konsequenz und Stimmigkeit frei erfundener Systeme, die sie mit einzuschließen versprechen«,[34] führt Arendt aus. Auch diese Einschätzung lässt sich uneingeschränkt auf den smarten Totalitarismus heutiger Wahrheitssysteme übertragen.

Trotz ihrer Kürze zeigt die Äußerung des Ministerpräsidenten das Wahrheitssystem im Vollzug der Umdeutung: Nicht die Tötung des Daniel H. wird als »Angriff« gewertet, sondern die Reaktion auf diese Tat. Im System wird Wahrheit zur autopoietischen Kategorie, zur Frage optimierbarer Selbstorganisation. Was im Widerspruch zu den eigenen Sätzen und Setzungen steht, wird in martialischer Rhetorik als aggressiver Akt interpretiert und kriminalisiert. Gewaltanwendung gegen Aggressoren ist legitim und geboten. Ein Wahrheitssystem darf sich nicht nur, es muss sich gegen Angriffe zur Wehr setzen. Alternative Deutungen und Hypothesen dürfen nicht geduldet werden. Die Falsifikation der eigenen Thesen käme schon deshalb einer Vernichtung gleich, weil jede Behauptung Selbstbehauptung ist. Noch der entfernteste Hinweis auf einen möglichen Widerspruch muss mit aller Macht abgewehrt werden. Ähnlich wie die christliche Dogmatik bringt ein solches Wahrheitssystem jene Häretiker, von denen es sich umzingelt fühlt und deren Existenz die eigene Härte und Unerbittlichkeit rechtfertigen, zu einem Großteil selbst hervor. Der zunächst irritierende Plural in der Äußerung des Ministerpräsidenten könnte als äußerliches Zugeständnis an den relativistischen Zeitgeist verstanden werden. Er ist eine pluralistische Kulisse, zeigt aber auch eine strategische Beweglichkeit an: die Flexibilität einer Schlachtordnung.

Im Unklaren lässt das Diktum, ob die erwähnten Wahrheitssysteme im Verbund mit den ebenso aufgerufenen Wertesystemen stehen oder unabhängig von ihnen existieren. Die in Anspruch genommenen Werte kaschieren den Überwältigungswillen allenfalls für den ersten Blick. Auch den Werten, die sich der Selbstdeutung zufolge ebenfalls im Verteidigungsmodus befinden und systemisch organisieren, eignet ein tyrannischer Zug, eine zumindest »potenzielle Aggressivität«[35], wie Carl Schmitt innerviert und enthüllt hat: »Immer sind es die Werte, die den Kampf schüren und die Feindschaft wachhalten.«[36] Aus dieser Perspektive wäre der behauptete »Angriff auf unsere Wahrheitssysteme« und gleichermaßen auf unsere »Wertesysteme« auch eine Projektion der eigenen Aggressivität auf alle, die das System, das zunehmend Festungscharakter annimmt, herausfordern.

»Wir sollten so redlich sein zu sagen, es gibt in Deutschland bestimmte politische Meinungen, die müssen reguliert werden«,[37] sagte der Blogger und Kolumnist Sascha Lobo in einer Talkshow. Diese Forderung erstaunt nicht und fügt sich ins Bild. Bemerkenswert ist einzig, dass sie von jemandem erhoben wurde, der früher das Netz als digitale Agora pries. Diese ›Regulierung‹ zielt nicht nur darauf ab, »Meinungen« einer Norm zu unterstellen, zu kontrollieren und Abweichungen vom Erlaubten zu sanktionieren. Der Begriff hat in diesem Zusammenhang auch einen funktionalistisch-technokratischen Unterton: So wie die Kanalisierung des Denkens und Sprechens als Grundfunktion der Wahrheitssysteme verstanden werden muss, so erscheint die Meinungsbildung hier als kybernetisches Modell. Steuerungsmedium ist die Semantik, die das Sagen und Meinen bereits weit unterhalb der Schwelle einer direkten Zensur auf Linie bringt.

Ein Wahrheitssystem folgt seiner eigenen inneren Logik, deren Gesetze es allen aufzwingt. Die Grundprinzipien des Denkens werden zur Äußerlichkeit. Es geht weniger um Widerspruchsfreiheit und logische Konsistenz als vielmehr um semantisch-metaphorische Stimmigkeit. Es habe Bilder gegeben, die »sehr klar Hass und damit auch die Verfolgung unschuldiger Menschen« gezeigt hätten, sagte Angela Merkel am 5. September 2018 mit Bezug auf Chemnitz. Eine semantische Pseudoevidenz – »Hass« und »Verfolgung« könnten derselben Schlagwortwolke entstammen – beansprucht in dieser Aussage die Verbindlichkeit einer logischen Konklusion und trumpft im »damit« als *quod erat demonstrandum* auf.

Man sollte von der vordergründigen Unbeholfenheit nicht auf mangelndes Raffinement schließen, sondern in Betracht ziehen, dass auch diese Teil der Tarnung sein könnte. Die dichte Textur aus Umdeutungen und Insinuationen weist darauf hin, dass solche Äußerungen nicht ohne Bedacht fallen.[38]

»Meinungsfreiheit in unserem Land ist gegeben«, stellte Angela Merkel in einer Rede im Deutschen Bundestag im November 2019 fest.[39] »All denjenigen, die dauernd behaupten, sie dürften nicht mehr ihre Meinung sagen, muss ich sagen: Wer seine Meinung sagt, auch prononciert, der muss damit leben, dass es Widerspruch gibt.« Damit unterstellt Merkel, dass diejenigen, die Meinungsfreiheit in Gefahr sehen oder ihre Einschränkung beklagen, keinen »Widerspruch« dulden, keine konträre Meinung ertragen. Wer nicht mit »Widerspruch« leben kann, negiert die Voraussetzungen des Diskurses und hat mithin selbst das Recht verwirkt, diese für sich zu reklamieren. Während Kritiker an den Zuständen »in unserem Land« ins Zwielicht des Totalitarismus gerückt werden, können sich diejenigen, die unliebsame Meinungsäußerungen verhindern, beispielsweise indem sie Vorlesungen nicht genehmer Professoren stören oder gewaltsam blockieren, vollauf bestätigt fühlen. Ihr Anschlag auf die Meinungs- und Redefreiheit wird als legitimer, in einer demokratischen Debatte gar unverzichtbarer »Widerspruch« nobilitiert. »Es gibt keine Meinungsfreiheit zum Nulltarif«, fährt Merkel fort. »Es stimmen nicht immer alle zu.« Die monetäre Metaphorik überrascht zunächst, weil sie von der hehren Rhetorik unveräußerlicher Menschenrechte abweicht, ja diese geradezu konterkariert. Das Sprachbild enthält eine unverhohlene Drohung: Wer Meinungsfreiheit für sich in Anspruch nimmt, muss dafür bezahlen. Die entstehenden Kosten werden sogleich mit einer Banalität verharmlost und heruntergespielt, ergeben sich aber aus dem Subtext: Der »Widerspruch«, der nicht selten in Handgreiflichkeiten ausartet und gewalttätig wird, ist der zu zahlende Preis.

Als sei die Bepreisung des Menschenrechts auf freie Meinungsäußerung noch nicht Einschränkung genug, kommt Merkel auf weitere Limitationen zu sprechen: »Aber die Meinungsfreiheit kennt Grenzen. Sie beginnen da, wo gehetzt wird, wo Hass verbreitet wird. Sie beginnen da, wo die Würde anderer Menschen verletzt wird. Dagegen werden und müssen wir uns in diesem Hause stellen.« Merkel bringt die semantisch und verfassungsrechtlich unüberbietbare Menschenwürde, in deren Namen sich fast alles hinterfragen lässt, gegen die Meinungsfreiheit in Stellung. Die Grenze des Erlaubten markieren nicht die Bestimmungen des Strafrechts, sondern unbestimmte, nicht justiziable Begriffe wie »Hass« und »Hetze«. Wer ihre Semantik beherrscht, hat zugleich die Macht, die Bezirke des Sagbaren festzulegen und Grenzüberschreitungen zu sanktionieren.

Staatliche Akteure wie das Bundesamt für Verfassungsschutz exekutieren diese Begriffspraxis. Im Juli 2019 stufte die Behörde die Identitäre Bewegung in Deutschland nach längerer Beobachtung als »gesichert rechtsextremistische Bestrebung«[40] ein, die mit dem Grundgesetz der Bundesrepublik Deutschland nicht vereinbar sei. Der Verfassungsschutz markiert Wortfelder als beliebig erweiterbare Verbotszonen. Auffällig dabei ist, dass er sich in seiner Begründung auf unbestimmte Rechtsbegriffe wie die »Menschenwürde« des Artikels 1 stützt und alles Definitorische meidet. Begriffe aus der Sphäre linker Sprachpolitik wie »geistige Brandstifter« oder »verbal zündeln«[41] treten an die Stelle juristischer Kategorien. Der Strategie der semantischen Öffnung und Flexibilisierung steht eine äußerst restriktive Handhabung gegenüber, die keinen Spielraum zur Auslegung gestattet: Wer das inkriminierte Wortfeld oder auch nur seinen unbestimmten Saum berührt, ist Verfassungsfeind. Auslegung ist ein Privileg derjenigen, die den Begriff applizieren. Wer festzulegen vermag, muss sich nicht festlegen lassen. Wer hingegen markiert wird, bekommt eine betonierte Eindeutigkeit zu spüren. Mit dem Freiraum der Deutung und Interpretation schrumpft auch der Freiraum des Denkens, der Reflexion und des öffentlichen Diskurses, worauf der Publizist Gerd Held hinweist: »Wo die Auslegungsbedürftigkeit und -fähigkeit von Worten angetastet wird, wird die Sphäre der Öffentlichkeit, für die ein streitendes Auslegen und Begründen konstitutiv ist, zerstört.«[42] Held sieht in dieser Praxis, die das Wort unmittelbar als Tat haftbar zu machen versucht, den Rückfall in die inquisitorische Sprachpraxis.

Die Unbestimmtheit eines Rechtsbegriffs kann intendiert sein, um ihn für zukünftige gesellschaftliche Entwicklungen offenzuhalten. Aber hier ist Vagheit vor allem eine Erweiterung von Zugriffsmöglichkeiten. Sie soll dingfest machen. Verdächtig ist jeder Ausdruck, der sich – sei es nur entfernt oder implizit – auf einen ethnisch-kulturellen Volksbegriff bezieht, ein Leitbild relativer Homogenität in Anspruch nimmt oder den Unterschied zwischen konkreten Staatsbürger- und allgemeinen Menschenrechten zu prononciert geltend macht. Jeder Betonung eigener Identität unterstellt man pauschal eine Abwertung der fremden. Wenn ein Wort wie »Überfremdung« losgelöst von jedem Kontext unter Verdacht steht, dann ist eine Kritik an der gegenwärtigen Migrationspolitik und am Multikulturalismus nicht mehr möglich, weil sie ihrer Artikulationsmöglichkeiten und ihres normativen Bezugspunkts beraubt wurde.

Wenn argumentative Stringenz systematisch durch semantische Suggestivität ersetzt wird, dann bleibt dies nicht folgenlos. Bereits in Orwells *Nineteen Eighty-Four* ist die Zersetzung logischer Grundsätze im »Doublethink« ein Herrschaftsprinzip. Der semantischen Auflösung juristischer Kategorien durch bewusst gestreute Vagheiten entspricht eine Verflüssigung logischer Grundsätze. Der Satz vom Widerspruch, der besagt, dass zwei einander kontradiktorisch entgegengesetzte Urteile nicht zugleich wahr sein können, wird nicht nur aufgeweicht, sondern bewusst außer Kraft gesetzt: Wer eine »spürbare Begrenzung« der Zuwanderung fordert, kann sich zugleich und im selben Zusammenhang gegen eine »Obergrenze« aussprechen. Und wer die »Obergrenze« im Mund führt, entgrenzt die Semantik des Begriffs noch im selben Satz so weit, dass die strikte Limitation unversehens zum unverbindlichen Richtwert wird. Die eingeübte, antrainierte Simultaneität des Widerspruchs ist ein gezielter Anschlag auf die politische Urteilsfähigkeit, in der schizoiden Tendenz dieser Praxis letztlich auf die Subjektivität selbst. Behauptungen lassen sich nicht mehr auf ihren Wahrheitsgehalt hin prüfen, alle Versuche der Verifikation oder Falsifikation laufen ins Leere. Selbst ein Höchstmaß an kognitiver Dissonanz, wie sie im Verstoß gegen diesen elementaren Grundsatz zum Ausdruck kommt, wird nicht mehr als störend empfunden. Die Lüge *konsoniert*, sie fühlt sich gut an, und zwar die empfangene ebenso wie die selbst ausgesprochene.

Der systematische Verstoß gegen den Satz vom Widerspruch, das *principium contradictionis*, hat noch einen weiteren Aspekt: Der strikte Ausschluss kontradiktorischer Urteile ist unter Marketinggesichtspunkten kontraproduktiv, weil er den Adressatenkreis der politischen Botschaft einschränkt. Logik ist ein unnötiger, vermeidbarer Streuverlust. In Zeiten einer hochgradigen Personalisierung der politischen Kommunikation wird mit einer Aussage auch *gleichzeitig* ihr kontradiktorischer Gegen-Satz frei Haus geliefert. Begriffe werden, buchstäblich im selben Atemzug, mehrfach neu kontextualisiert und semantisch justiert. So entstehen sekündlich wechselnde Evidenzzonen, Parallelwelten im logischen Raum, in denen es niemanden wundert oder irritiert, wenn sich »Obergrenzen« in »atmende Deckel« verwandeln.

Das Denken, wie Kant es aufgefasst hat, als Akt der Spontaneität, als kategoriale Verknüpfungsleitung, als eigenständiger Gebrauch des Verstands, muss den Verteidigern der hegemonialen Deutung als Gefahr erscheinen. Deshalb soll mit den Denk- und Urteilsformen, die der Philosoph zum kognitiven Kernbestand des Subjekts zählte, auf eine Weise *tabula rasa* gemacht werden, dass sich auch keine Empfindung oder Erfahrung mehr einschreiben kann. Besonders prekär ist die Kategorie der Kausalität, deren Anwendung keiner spontanen Urteilsbildung überlassen werden darf. Ziel ist die Herstellung eines asyndetischen Bewusstseins, in dem buchstäblich »nichts mit nichts« zu tun hat. Deshalb werden Problemkomplexe wie die wachsende Kriminalität, zunehmende Wohnraumverknappung in den Ballungsräumen, die Bildungsmisere und die Massenmigration separiert und voneinander abgeschirmt. Wo das Erkennen ursächlicher Beziehungen nicht mehr verhindert werden kann, wird das Benennen tabuisiert. Zugleich wird die Verknüpfung der Phänomene, die Objektivität allererst konstituiert, der Beliebigkeit überantwortet. Nur so ist zu erklären, dass eine nur »moralische Kohärenz« (Elisabeth Wehling) logisch-diskursive Standards anhaltend und flächendeckend außer Kraft zu setzen vermochte. Rückseite der Verdrängung und Tabuisierung der Kausalität ist der Verknüpfungs- und Gleichsetzungswahn bei der Herstellung des NS-Bezugs. Wenn es der eigenen Deutung dienlich ist, hat »alles mit allem« zu tun.

Die fortschreitende Auflösung der Syntax verstärkt die Wirkung der politischen Semantik. Wer kaum eine Konjunktion verstehen, geschweige richtig verwenden kann, wer allenfalls einfache Prädikationen – und auch die nur, sofern sie eine eindeutige moralische

Zuschreibung enthalten – überblickt, der ist auch außerstande, simpelste Kausalketten zu erfassen. Dieser Effekt wird noch dadurch verstärkt, dass die Moralisierung zahlreiche Fährten legt, die von einer logischen oder kausalen Verknüpfung wegführen: Wer von »Verantwortung« und »Schuld« spricht, muss über Gründe und Ursachen meist kein Wort mehr verlieren. Hinzu kommt, dass diejenigen, die moralisch auf den planetarischen Maßstab geeicht sind, auch in ihrem Denken das Naheliegende verschmähen. Dies zeigt sich darin, dass eiserne Antiessentialisten, die in »Volk«, »Nation« oder »Geschlecht« nur gefährliche *Konstrukte* sehen, zur Verteidigung ihres Standpunkts in Überbietungsabstraktionen flüchten und etwa eine »toxische Männlichkeit« für die wachsende Zahl von Sexualdelikten verantwortlich machen. Toxisch ist offensichtlich die Männlichkeit, die partout nicht einsehen will, dass es sie gar nicht gibt.

Wahrheitssysteme wie die hier untersuchten können sehr lange, aber nicht unbegrenzte Zeit im Zustand der monadischen Verkapselung und Selbstbezüglichkeit verharren. Wie beim Antifaschismus, der der Linken über lange ideologische Durststrecken hinweghalf, ist hin und wieder eine Rückkopplung an die Empirie nötig. Für eine referenzielle Auffrischung sorgen mutmaßliche oder tatsächliche neonazistische Gewaltverbrechen und Anschläge. Sie sind der Goldstandard, mit dem die Betreiber des Wahrheitssystems die Entwertung ihrer Begriffe wenn nicht aufhalten, so doch erfolgreich kaschieren. Von dieser Hyperreferenz lässt sich lange zehren, denn das System ist dafür ausgelegt, Evidenzen zu akkumulieren, ihre Unabweisbarkeit auf andere Zusammenhänge zu übertragen und mit maximalem Gewinn für die eigene Agenda zu bewirtschaften. Eine punktuelle Plausibilität genügt, um das Wahrheitssystem langfristig zu konsolidieren und erneut gegen eine widerstreitende Realität abzudichten.

FENSTER DES DISKURSES

Der systemische Charakter der Deutungsregime wird auch darin ersichtlich, dass sprachpolitische Manöver in einem Kontext stehen und eine Vorgeschichte haben. In synchroner Hinsicht wären einzelne

Wortprägungen von einer umfassenden Axiomatik oder Topik zu unterscheiden. Dem entspräche in diachroner Hinsicht die Differenz zwischen den tagesaktuell motivierten, einer kurzfristigen Agenda geschuldeten Semantiken einerseits und den Bedeutungsschichten mit hoher Zeitresistenz andererseits. Zwischen diesen Zonen gibt es vielfache und äußerst komplexe Wechselwirkungen.

Viele einzelne Äußerungen und Debattenbeiträge, die isoliert wenig Resonanz finden würden, können zusammengenommen und mit medialer Verstärkung die semantischen Koordinaten spürbar verschieben. Politische Ideen lassen sich Joseph P. Overton zufolge auf einer Skala gesellschaftlicher Akzeptanz verorten, die durch die Kategorien »undenkbar«, »radikal«, »akzeptabel«, »sinnvoll«, »beliebt« und »Teil der aktuellen Politik« definiert wird. Politisch durchsetzen lassen sich nur die Vorstellungen, die sich im Bereich des Akzeptablen befinden, den der früh verstorbene Politikberater als »Fenster« fasste.[43] Ein Politiker, der Ideen außerhalb des Fensters aufgreift, riskiert nach Overton den Ausschluss aus dem Diskurs und die gesellschaftliche Ächtung. Die Strategie kann deshalb nur darin bestehen, das »Overton-Window« zu öffnen oder in die gewünschte Richtung zu verschieben.

Wie aussichtsreich diese Strategie ist, zeigte die deutsche Enteignungsdebatte im Frühjahr 2019. Wenn die Forderung nach einer Enteignung von Immobilienkonzernen, die von einer Berliner Bürgerinitiative angesichts steigender Mieten und Wohnungsknappheit erhoben wurde, als zwar radikal, aber diskursfähig erscheint und somit die Zone des Undenkbaren verlässt, dann ordnet sich in der Folge der Gesamtkomplex des Eigentums, seines Schutzes und der mit ihm verbundenen Verantwortung (»Eigentum verpflichtet«) auf der Akzeptanzskala neu ein. Von der Formulierung und Thematisierung radikaler Positionen profitiert das gemäßigte Lager selbst dann, wenn diese Position heftigen Widerstand provoziert und von einer Mehrheit abgelehnt wird. Wo generelle Enteignungen großer Immobilienkonzerne thematisiert werden können, wächst die Chance, dass die milderen Varianten punktueller Enteignungen, deren Androhung oder Eingriffe in das Eigentumsrecht im Rahmen eines »Mietendeckels« als akzeptabler Kompromiss oder sinnvoller Beitrag für bezahlbaren Wohnraum erscheinen.

Sind dosierte Enteignungen erst einmal kommunale Praxis geworden, kann der Enteignungsdiskurs auf andere Bereiche ausgedehnt werden, was zu einer weiteren Verschiebung des Fensters führt. Kollektivierungen von Großunternehmen aller Branchen muten plötzlich diskutabel an. In einem gesellschaftlichen Klima, in dem mit Slogans wie »Deine Geldanlage ist mein Zuhause« oder »Heuschrecken grillen« in Villenvierteln demonstriert wird, in dem Eigentümer unbebauter städtischer Grundstücke als »baufaul« denunziert und von Behörden unter Druck gesetzt werden, rückt sogar die Rehabilitierung eines marxistischen Vokabulars im Umfeld der »Expropriation der Expropriateure« in Reichweite.

Aus Sicht der politischen Linken bestand ein weiterer Vorteil dieser begriffspolitischen Intervention darin, dass soziale Verwerfungen wie die Wohnungsnot, deren Verbindung mit dem Migrationsproblem auf der Hand lag, in einen kapitalismuskritischen oder antikapitalistischen Deutungszusammenhang gestellt wurden. Die Linke schlug begriffspolitisches Kapital aus den Problemen, die sie selbst verursacht hatte, und fand zudem Anschluss an die soziale Frage, von welcher Genderdiskurs und Identitätspolitik sie weit entfernt hatten. So konnte sie die postmoderne Auszehrung ihrer Begriffe wenn nicht überwinden, so doch wirkungsvoll überspielen.

Die Dekonstruktion des Eigentumsbegriffs gelang, weil ein bedeutungsökonomisches System etabliert war, das Verbundeffekte zwischen Äußerungen verschiedener Akzeptanzstufen ermöglichte, ohne dass diese aufeinander abgestimmt sein mussten. So vielstimmig und heterogen, zum Teil schrill und abseitig sie auch waren, dienten sie alle dem einen Ziel, das Fenster des Akzeptablen in die gewünschte Richtung zu verschieben. Auf der Gegenseite hat sich ein solcher synergetischer Zusammenhang zwischen eher randständigen und gemäßigteren Positionen nicht gebildet. Politikern des rechten und zunehmend auch des konservativen Lagers werden sowohl von staatlichen Stellen wie insbesondere dem Bundesamt für Verfassungsschutz als auch von den Medien Exerzitien der Selbstrechtfertigung, Einschränkung und Abgrenzung auferlegt, denen sie sich nur schwer entziehen können. Es vergeht kaum ein Interview, in dem die

AfD-Vertreter, sofern sie überhaupt eingeladen werden, nicht mit beanstandeten, inkriminierten Äußerungen von Parteikollegen oder aus der eigenen Vergangenheit konfrontiert werden. Die ohnehin äußerst knapp bemessene Redezeit und das Minimum an Fairness, das für sie nicht selbstverständlich ist, haben sie sich mit fortwährenden Distanzierungen zu erkaufen, die den Großteil ihrer Antwort beanspruchen. Auf den wachsenden staatlichen, politischen und medialen Druck reagieren sie nicht selten mit Selbstzensur, ideologischen Grenzziehungen und Unvereinbarkeitsbeschlüssen im eigenen Lager, die weitreichende sprachpolitische Folgen haben. Indem sie an der Ausdehnung der Undenkbarkeitszonen arbeiten, nehmen sie ihren politischen Gegnern die Arbeit ab. Sie schließen das Fenster, für dessen Öffnung sie angetreten waren und gewählt wurden.

FORMIERTE WAHRNEHMUNG

Das Betriebsgeheimnis eines Wahrheitssystems lässt sich am besten dort entschlüsseln, wo dieses sich in einem öffentlich zugänglichen, offiziellen Dokument mit Regelungscharakter niederschlägt und nicht erst mühsam als Subtext aus zahlreichen verstreuten Äußerungen rekonstruiert werden muss. Der im Dezember 2018 auf der Konferenz in Marrakesch verabschiedete und in der Vollversammlung der Vereinten Nationen betätigte »Global Compact For Save, Orderly And Regular Migration« gibt einen Einblick in die Selbstorganisation eines Wahrheitssystems mit normativem Anspruch und globaler Wirkung. In einem doppelten Sinn ist dieser Pakt ein Manifest semantischer Politik: Zum einen manifestiert sich in ihm eine bestimmte Sprach- und Begriffspolitik mit klaren semantischen Rastern. Zum anderen wird diese Deutungspraxis auch fest- und vorgeschrieben, nimmt also präskriptiven Charakter an. Die hochgradige, nicht einmal notdürftig kaschierte Widersprüchlichkeit des Dokuments, seine verpflichtende Unverbindlichkeit, dürfte nicht nur ein Ergebnis schwieriger Kompromissfindung sein. Die Doppelzüngigkeit hat System und entspricht dem Prinzip des »Doublethink«. Die Begriffsverwirrung erfasst alle juristischen Kategorien, die eine Unterscheidung zwischen illegaler und legaler Migration erlauben würden. Die Möglichkeit einer rechtswidrigen Migration wird mit semantischen Tricks aus der Welt geschafft, eskamotiert, beispielsweise indem das Attribut »illegal« kurzerhand durch »irregulär« ersetzt wird. Gleichzeitig wird das Phänomen Migration in einen Konnotationsraum der Ordnung und Sicherheit (»Safe«, »Orderly«, »Regular«) gestellt, der dessen Legitimierung vorantreibt und dessen Legalisierung zumindest anbahnt.

Semantik ist das Medium der schleichenden Verrechtlichung. Das Kalkül besteht darin, die eingeübten und weiter einzuübenden Sprachnormen Stück für Stück in gesellschaftliche und schließlich rechtliche Normen zu verwandeln – eine Entwicklung, die Angela Merkel in ihrer in Marrakesch gehaltenen Rede mit aufreizender Nonchalance vorwegnahm. »Migration ist etwas, das ganz natürlich und immer wieder vorkommt und das, wenn es legal geschieht, auch gut ist«[44], sagte die Kanzlerin, die bei ihren Normalisierungs- und Legalisierungsversuchen auf eine Begriffsmelange aus positivem Recht, Naturrecht und Moral zurückgriff.

Das Ziel semantischer Politik, die Modellierung der Wahrnehmung, wird an exponierten Stellen im Dokument erwähnt. Es geht darum, wie es in »Ziel 17« heißt, »auf der Grundlage von Beweisen und Fakten die öffentliche Wahrnehmung des positiven Beitrags einer sicheren, geordneten und regulären Migration zu gestalten«[45]. Ziel ist, so der Wortlaut des englischen Textes in frappierender Offenheit, »to shape perceptions of migration«[46]. Manche mittelalterliche Denker betrachteten die Philosophie bekanntlich als Magd der Theologie. Die heutigen Migrationsscholastiker drängen den öffentlichen Diskurs einschließlich seiner Institutionen, die auf nachprüfbaren Fakten basierende Wissenschaft sowie die Empirie selbst in eine dienende, zuarbeitende Rolle. Diese werden zur Magd des Migrationsnarrativs, das bereits in der Präambel entfaltet wird und das Webmuster des gesamten Dokument bestimmt: »Migration war schon immer Teil der Menschheitsgeschichte, und wir erkennen an, dass sie in unserer globalisierten Welt eine Quelle des Wohlstands, der Innovation und der nachhaltigen Entwicklung darstellt und dass diese positiven Auswirkungen durch eine besser gesteuerte Migrationspolitik optimiert werden können.«[47] Das Narrativ, die semantische Blaupause der positiven, bereichernden Migration, schafft ein Präjudiz, das fortwährend bestreitet, eines zu sein, und es gerade deshalb unabweisbar wird.

Diskurse, die sich der verpflichtenden Beschönigung der Migration widersetzen, sind diskriminierend, also tendenziell »Hassstraftaten«[48]. Und »irreführende Narrative, die zu einer negativen Wahrnehmung von Migration führen«, sind »auszuräumen«,[49] wozu nicht zuletzt auch die »Sensibilisierung und Aufklärung von Medienschaffenden hinsichtlich Migrationsfragen und -begriffen«[50] beiträgt. Die Nähe zum konfuzianischen Prinzip der »Richtigstellung« des Sprachgebrauchs ist in solchen Formulierungen unverkennbar. In anderen Passagen erscheint der Pakt so, als habe jemand Orwells »Newspeak«-Grammatik als machiavellistische Handreichung konsultiert und zugleich als Bauplan für ein pseudojuristisches Sprachdesign verwendet. Erschütternd dabei ist, dass Kanonisierung und breiteste Rezeption des Werks bis in die Universitäten und Schulen hinein es nicht vermocht haben, gegen die Wirkungsweise des sprachpolitischen Totalitarismus zu immunisieren. Eine mögliche Erklärung ist, dass das heutige Neusprechdesign gerade jene internationalistische Semantik der Freiheit, Selbstbestimmung, Offenheit und Demokratie akzentuiert, die in dem von Orwell geschilderten Sprachregime unterdrückt und bekämpft wird. Die umgekehrten und nun humanitaristischen Vorzeichen täuschen selbst über offensichtliche Parallelen hinweg.

METANOIA ODER DIE MACHT DER REFLEXION

Wie das Beispiel »Grenze« zeigt, beruht die Macht semantischer Frames auf ihrer Latenz. Davon zu unterscheiden wäre eine andere, eher begrifflich als metaphorisch organisierte Sprachmacht, die das Bewusstsein nicht zu unterlaufen, sondern zu aktivieren versucht. Reflexion ist eine wirksame Waffe im Begriffs- und Deutungskampf. Sie panzert die eigene Position gegen tatsächliche und mögliche Einwände und stiftet Bastionen einer argumentativen Unangreifbarkeit. So charakterisiert etwa der Philosoph Boris Groys die Sowjetherrschaft als ein Sprachimperium, das sich auf einer »Verwaltung der Metanoia«[51] gründet. Der Begriff der »Metanoia« steht bei Groys weniger für »Buße«, »innere Umkehr« im christlichen Sinne als vielmehr in einer philosophischen Bedeutung für die begriffliche Überwindung der Unmittelbarkeit, den Übergang von der subjektiven zur allgemeinen Perspektive und die Einnahme einer Metaposition der Erkenntnis. Die materialistische Dialektik, die das Paradoxon zum Ausweis geistiger Überlegenheit macht, nimmt eine solche Position ein. Die begriffliche Unüberbietbarkeit der dialektischen Vernunft, die durch Widersprüche nicht widerlegt, sondern bestätigt wird, ist ein effektives Machtinstrument. Auch im Universalismus der Menschenrechte, der die globalistische Position gegenüber allen Verteidigern des Eigenen begünstigt und ihr einen schwer einzuholenden argumentativen Vorsprung sichert, ist eine solche Metanoia wirksam. Die Begriffe und Normen einer ubiquitären Vernunft haben bessere Aussichten, den Test der Verallgemeinerungsfähigkeit zu bestehen, als die leicht des Partikularismus zu überführenden Konzepte einer situierten. Universalistische Ideen sind schon deshalb eine so starke Waffe, weil sie überzeugend vorgeben, keine zu sein.[52]

Eine wirksame Waffe ist die Metanoia auch deshalb, weil sie die auf unbewusstem Sprachgebrauch basierende semantische Macht bricht. Reflexion desautomatisiert, durchkreuzt neuronale Schaltkreise und Frames. Zu erkennen sind diese Reflexionsbegriffe daran, dass sie nicht oder nicht vorrangig Deutung von Wirklichkeit sind, sondern vielmehr den Realitätsbezug selbst in den Blick nehmen, also die Beschreibung als Beschreibung zum Thema machen. Sie lenken den Blick auf die Produktionsbedingungen erwünschter Wahrheiten und Wirklichkeiten. Dabei machen sie die minimalinvasiven Eingriffe der politischen Semantik sichtbar und Metaphern als Metaphern kenntlich, was ihren Anspruch auf wörtliche Geltung untergräbt.

Einen signifikanten Einfluss auf die öffentliche Meinung und politische Entscheidungen haben diese Begriffe indes nur dort, wo sie massenwirksam werden. Reflexionsbegriffe, die diese Voraussetzung erfüllen, sind als Waffe in der politischen Auseinandersetzung gefragt, weil sie den Gegner entwaffnen. Dies erklärt zugleich, warum diese Termini besonders umkämpft sind. Wer die Hoheit über Begriffe wie »Fake News« oder »Hate Speech« erlangt, beherrscht damit zugleich auch die Verwendungsweise derjenigen Ausdrücke, die sich darunter subsumieren lassen. Er besetzt nicht nur einzelne Wörter oder Wortfelder in der politischen Auseinandersetzung, sondern kontrolliert den über feine semantische Filter gesteuerten Zugang zum Diskurs selbst, und zwar so, dass der Schein allgemeiner Inklusivität gewahrt bleibt. Die Diskursherrschaft stützt sich auf die Macht, mit Verdikten wie »Hass ist keine Meinung« über die Eignung zum Diskurs befinden zu können. Semantik ist ein entscheidendes Element jener Vorfeldstrategie der »Dethematisierung«[53], die Jürgen Habermas als probates Mittel im Kampf gegen rechts empfiehlt. Ein stigmatisierendes Passepartout wie »Hassrede« erlaubt es, nicht nur einzelne Äußerungen, sondern ein ganzes Meinungsspektrum als dumpf, ressentimentgeladen und latent gewalttätig zu ächten, aus jeder Debatte auszuschließen und unter Umgehung strafrechtlicher Kategorien zu kriminalisieren. Diese metasemantische Funktion macht »Hass« zu einem, wenn nicht dem Schlüsselbegriff des herrschenden Wahrheitssystems.

Als komplementäre Zuschreibung hat sich »Satire« eingebürgert. Dass die Definition dieser literarischen Gattung zum Machtfaktor wurde, erstaunt nicht, denn die Satire vermag Deutungssysteme ins Wanken zu bringen und berührt deshalb die Metanoia. Zum einen hat sich das Genre einer gebührenfinanzierten Systemsatire herausgebildet, deren Spott meist nur eine Richtung kennt und der literarischen Tradition der Satire spottet: Er trifft die Dissidenten und soll auf Linie bringen. Zum anderen dient der Gattungsbegriff als Schutzbehauptung und Alibi. Diejenigen, die unerwünschte Meinungen als »Hassrede« brandmarken, waschen die eigenen Beleidigungen und Diffamierungen mit der Genrebezeichnung »Satire« rein.[54] Dabei berufen sie sich auf die Freiheit der Kunst und die ästhetische Autonomie, die ihnen ansonsten wenig gelten, was etwa der dekoloniale Bildersturm und der Furor der Entkanonisierung belegen.

Auch der inzwischen schon reichlich abgenutzte Populismusvorwurf, der vorgeblich auf die Unverhältnismäßigkeit der Darstellung gegenüber dem Dargestellten abzielt, bewegt sich auf der Ebene der Metanoia. Rechte Populisten seien gröbste Vereinfacher, welche die Komplexität der Wirklichkeit sträflich missachteten: So kontert der Mainstream erfolgreiche sprachpolitische Manöver der Gegenseite, woraufhin diese darauf verweist, dass die Nähe zum ›Demos‹ in einer Demokratie nichts Verwerfliches sein könne. Bemerkenswert dabei ist, dass diejenigen, die den Vorwurf des Populismus erheben, dabei zumindest implizit jenes althergebrachte Wahrheitskriterium der *adaequatio*, als Kongruenz von Aussage und Ausgesagtem, in Anspruch nehmen und in Stellung bringen, an dessen Dispensierung die eigenen Wahrheitssysteme beharrlich arbeiten.

Die größten sprachpolitischen Geländegewinne konnte die Rechte dort verzeichnen, wo es ihr gelang, metapolitische Begriffe kampagnenfähig zu machen und ins öffentliche Bewusstsein zu rücken. Ein Beispiel für die durchschlagende Wirkung dieses Verfahrens liefert die »Political Correctness«. Die Geschichte dieses Begriffs liest sich wie die Beschreibung einer Jahrzehnte währenden Schlacht. Die Härte, mit der dieser Kampf geführt wurde, lässt sich damit erklären, dass nicht ein einzelner Begriff, sondern eine umfassende Sprachpraxis Gegenstand der Auseinandersetzung ist. Als sprachpolitische Strategie des Minderheitenschutzes und der Antidiskriminierung war die politische Korrektheit in den 1980er Jahren vor allem ein Campusphänomen, das sich an der US-amerikanischen Westküste ausbreitete. In den 1990er Jahren gelang es den Konservativen, den Begriff zu kapern und gegen die Identitätspolitik der Linken in Stellung zu bringen. Der Aufwand seiner Umdeutung hielt sich in Grenzen, denn es genügte, Auswüchse dieser Sprachpraxis als Symptome eines verfehlten Ganzen aufzuzeigen und ihre Postulate zur Kenntlichkeit zu entstellen.

Donald Trumps Kampagne zur US-Präsidentschaftswahl 2016 verdankte ihre Wucht nicht zuletzt auch der effektvollen Inversion der politischen Korrektheit. Die Wirkung seiner Rhetorik ähnelte einer sich selbst erfüllenden Prophezeiung. Trump gelang es, die Kraft des Gegners wie in einer asiatischen Kampfkunst umzuleiten und gegen ihn selbst zu wenden. Die – tatsächliche oder projizierte – Macht der Sprachverbote ging auf den über, der sich in einem Akt der

Selbstermächtigung und mit großer Geste über sie hinwegsetzte. Die Grenzüberschreitung im flagranten Verstoß gegen alle Axiome der PC ließ sich Trump von seinen Anhängern, die diesen Mut nicht aufbrachten, als Souveränitätsgewinn gutschreiben. Die so gewonnene Ausnahmestellung versetzte ihn wiederum in die Lage, weitere Tabus zu brechen, womit er seine exzeptionelle Position festigte und sich nahezu unangreifbar machte.

Mit der so gewonnenen Deutungsmacht gelang es Trump beispielsweise, die »Mauer« von der einzementierten Semantik der Ausgrenzung zu befreien, sie semantisch umzupolen und als Topos von Sicherheit, Schutz und nationaler Souveränität in den Köpfen zu verankern. Die Mauer an der Grenze zu Mexiko, die Trump mit Attributen wie »big« und »beautiful« belegte, wurde zum zentralen Symbol seiner Kampagne. »Build a wall«, skandierten seine Anhänger auf den Wahlkampfveranstaltungen. Trump vertrat diese Deutung so offensiv und provokativ, dass die Strategie der Diskreditierung der Grenze an ihre Grenze kam und die Topik der Entgrenzung und Offenheit erschüttert wurde.[55] Der Erfolg der eskalierenden Rhetorik Trumps zeigte zugleich die Grenzen von Overtons Hypothese aus. Seine Forderungen präsentierte der Präsidentschaftskandidat weit außerhalb des »Overton-Windows«, was nicht zur erwartbaren Schwächung seiner Position führte, sondern – ganz im Gegenteil – die Wirkung seiner Kampagne potenzierte. Trump profitierte davon, dass er die Akzeptanzfenster der öffentlichen Meinungen bewusst ignorierte und jeden Rahmen sprengte.

Allerdings könnte sich der rhetorische Effekt einer Selbstermächtigung durch kalkulierte Tabubrüche mit der Zeit abnutzen. Der Souveränitätsgewinn, den diese Strategie verspricht, lässt sich nicht beliebig oft wiederholen – schon gar nicht aus dem Amt heraus und *ex cathedra*. Das Wahrheitssystem der Entgrenzung und Entortung wird zwar herausgefordert, aber nicht überwunden. Zudem sind jenseits der Subversion der bestehenden Matrix nicht einmal die Konturen einer neuen Topik erkennbar, die als metapolitischer Ansatz taugte.

ANTITOPIK

In der antiken Rhetorik sind »Topoi« (»Orte«) vorgeprägte Formeln und Bilder, wie der »liebliche Ort« der Natur oder das »goldene Zeitalter« der Vorgeschichte, die zur Bekräftigung der eigenen Beweisführung allgemein anerkannte Vorstellungs- und Sprachmuster aufrufen. Die Topik ist innerhalb der Rhetorik die Lehre von der Auffindung dieser verbindlichen, kollektiv geteilten Gesichtspunkte als Grundlage der Erörterung eines Themas. Das Begriffsfeld der »Open Borders«-Fraktion wäre demgegenüber als Topik der Ortlosigkeit, also als Antitopik zu charakterisieren. Ihre Formeln wie »Menschheit«, »Offenheit« oder »Eine Welt« sind Gemeinplätze ohne Platz. Ihre Verbindlichkeit gründet auf keinem geteilten Standpunkt, sondern verdankt sich einzig der gemeinsamen Frontstellung gegen jede Positionsbestimmung des Eigenen.

Im Kampf gegen die ortenden Begriffssetzungen des politischen Gegners entfaltet die Antitopik ihr dekonstruktives Potenzial. Sie entzieht der Topik des Eigenen, gleichviel ob als »Staat«, »Nation« oder »Volk« gedacht, buchstäblich den Boden und unterläuft alle Versuche, den »ursprünglichen Zusammenhang von Ortung und Ordnung«[56] (Carl Schmitt) geltend zu machen oder an ihn auch nur zu erinnern.

Die kulturelle Hegemonie der kosmopolitischen »Anywheres«[57], die ihre politische Agenda beinahe mühelos verwirklichen können, obwohl sie nur eine Minderheit darstellen, ist nicht zuletzt auch semantisch begründet. Die universalistischen Anleihen ihres Vokabulars ermöglichen es dieser tonangebenden Gruppe, ihre Deutung gegen eine leicht des Partikularismus und Egoismus zu verdächtigende Mehrheit in der westlichen Welt durchzusetzen und die »Somewheres« aus der gesellschaftlichen Mitte ins Abseits zu drängen. Zugleich sind die ubiquitäre Vernunft und die auf sie abgestimmte Semantik der Ort- und Grenzenlosigkeit anschlussfähig für einen ökonomischen Globalismus, der sich der menschenrechtlichen Bemäntelung gerne bedient. Die marxistische Ideologiekritik hatte für diese Zusammenhänge ein feines Sensorium ausgebildet und konnte der universalistischen Metanoia eine dialektische entgegensetzen. Eine solche oder vergleichbare steht den »Somewheres« nicht zur Verfügung, weswegen sie der entwaffnenden Antitopik ihrer Widersacher lange macht- und wehrlos gegenüberstanden. Die »Anywheres« lassen sich schwer in die Ecke drängen, weil sie kraft ihrer intersubjektiv beglaubigten Vernunft schon *überall* sind und bleiben.

Der Konflikt ist indes älter, als es die unter dem Eindruck des Brexit und der Wahl Donald Trumps entwickelte Typologie des britischen Publizisten David Goodhart vermuten lässt. Ferdinand Tönnies, einer der Gründerväter der Soziologie, sah ihn bereits im Übergang von der Haus- zur Handelswirtschaft angelegt: »Denn während sonst ein Haushalter, ein Bauer oder Bürger, dem Inneren und Zentrum des Ortes, der Gemeinschaft, wozu sie gehören, das Antlitz zuwenden, so richtet sich dagegen die Handelsklasse nach außen: nur die Linien, welche die Orte verbinden, die Landstraßen und die Mittel der Bewegung gehen sie an.«[58] Die von Tönnies beschriebene verwertende Entwertung des Orts gehört zumindest zur Vorgeschichte des Siegeszugs einer universalistischen Antitopik. Die Umwertung der Semantik wäre ohne die gesellschaftliche Entwicklung nicht verständlich. Die Verallgemeinerung tilgt die Spuren des Orts. Ein Standpunkt ist das, was sich aus Sicht der ubiquitären Vernunft verbietet. Eine Er*ört*erung ist ausschließlich und deshalb unmoralisch, wenn nicht gar kriminell.

Zugespitzt hat der Philosoph Emmanuel Lévinas diese antitopische Perspektive, als er 1961 den ersten bemannten Weltraumflug des russischen Kosmonauten Juri Gagarin als Befreiung vom terrestrischen Prinzip feierte: »Das Eingepflanztsein in eine Landschaft, die Verbundenheit mit dem *Ort*, ohne den das Universum bedeutungslos würde und kaum existierte – eben dies ist die Spaltung der Menschheit in Einheimische und Fremde.«[59] Den Wirkungsbereich der Gravitation zu verlassen, wird zum moralischen Gebot. Jeder irdische Horizont ist eng und ausschließlich. Die Eloge auf Gagarin und die Raumfahrt ist zugleich eine Kritik an den Ortungsversuchen des Seinsdenkens, die für Lévinas heidnische Mystik sind: »Die Technik entreißt uns dieser Heideggerschen Welt und dem Aberglauben des Ortes.«[60]

Charles Taylor, Vordenker eines kommunitaristischen Multikulturalismus, plädiert für eine »Horizontverschmelzung« – im hermeneutischen Sinn – mit fremden Kulturen. »Wir lernen, uns in einem erweiterten Horizont zu bewegen, in dem wir das, was uns vorher als die selbstverständlichen Koordinaten unserer Urteile erschien, nun als mögliche Koordinaten neben denen der uns bislang nicht vertrauten Kultur wahrzunehmen vermögen.«[61] Lévinas kann sich damit nicht zufrieden geben. Die einzig gültige Erweiterung des Horizonts ist für ihn das Verlöschen aller Horizonte im »wandlosen Gefäß«[62] des Alls. Erst sie ermöglicht die vorbehaltlose Anerkennung des Anderen. Der moralische Rigorismus einer entgrenzten Verantwortung für den Fremden trifft sich sowohl mit der technologischen Entwertung des Orts durch moderne Verkehrs- und Massenkommunikationsmittel sowie das weltumspannende digitale Netz als auch mit dem Globalismus der transnationalen Konzerne, für die alle Orte nur Standorte und Absatzmärkte sind. Paradoxerweise wird der Un-Ort, das Überall und Nirgendwo, zum Schauplatz einer Übereinkunft an sich unverträglicher, gegensätzlicher Denkrichtungen und Motive, was einen Teil der Unwiderstehlichkeit des antitopischen Sprachspiels erklären dürfte.

Das geläufige, allzu geläufige Vokabular der Entortung und Entgrenzung hat sich weitgehend von seinen Begründungszusammenhängen gelöst und ist zu Leerformeln erstarrt. Auch beruht seine Macht im politischen und gesellschaftlichen Diskurs gerade nicht auf Reflexion und elaborierter Begrifflichkeit, sondern auf Latenz, also vor- und halbbewusster Wirkung. Diese latente Wirkung jedoch verdankt sich ihrerseits intensiver begrifflicher Vorarbeit. Die universalistische Metanoia hat ihr das Feld bestellt, indem sie die Begriffe mit dem Siegel der Selbstevidenz und Fraglosigkeit ausstattete.[63] Die latente Form der Antitopik in der Phraseologie der »Weltoffenheit« und die begrifflich entfaltete in universalistischen Theorien und Philosophemen stützen sich gegenseitig. Es gibt ein Bedeutungskontinuum zwischen dem bewusstlosen und dem reflexiven Sprachgebrauch. Die universalistische Metanoia deckt die ortlosen Gemeinplätze, so wie umgekehrt die allgegenwärtige und meist un- oder halbbewusst verwendete Metaphorik der Entgrenzung und »Weltoffenheit« einem Diskurs zuarbeitet, der Ortsgebundenheit mit Beschränkung und Partikularismus gleichsetzt.

DIGITALES SPRACHREGIME

Ohne den Resonanzraum der alternativen Medien im Netz wäre Donald Trumps sprachpolitische Offensive gegen die herrschende Antitopik ins Leere gelaufen. Deshalb unternahmen die herausgeforderten Hegemonen nach dem Wahlsieg von Trump und dem Brexit-Referendum von 2016 alles, um die offene Flanke wieder zu schließen. Sie konfrontierten die großen Digitalkonzerne mit dem Vorwurf, den Aufstieg des rechten Populismus auf ihren Plattformen gefördert oder begünstigt zu haben. Der Hinweis auf die digitalen Gefahren von rechts – oder alternativ aus Russland – diente auch dazu, von der Aufrüstung der eigenen algorithmischen Armada abzulenken. Dass die Künstliche Intelligenz längst zur Sicherung der bestehenden Wahrheitssysteme und zur Verteidigung der herrschenden semantischen Matrix in Stellung gebracht worden war, geriet aus dem Blick.

Die Dringlichkeit des Kampfes gegen »Hate Speech« und »Fake News« rechtfertigt die technische Aufrüstung der Fahnder im Netz und die Ausweitung ihrer rechtlichen Befugnisse. Schon heute lassen sich inkriminierbare Äußerungen in Sozialen Netzwerken semantisch identifizieren und eliminieren. Die neurolinguistische Programmierung des Denkens wird mit digitalen Mitteln perfektioniert. Wo die mentalen Automatismen der Frames nicht mehr greifen, setzen die Algorithmen an.

Im Mai 2019 präsentierte Microsoft die auf Künstlicher Intelligenz basierende Funktion »Ideas of Word«. Die erweiterte Korrekturfunktion des Textverarbeitungsprogramms weist nicht nur auf Verstöße gegen die Grammatik, sondern auch gegen die Regeln der politischen Korrektheit hin. Kulturell sensible und diskriminierende Begriffe werden ebenso markiert und mit Korrekturvorschlägen versehen wie Äußerungen, die gegen die Gebote der Inklusion und

Geschlechtsneutralität verstoßen. Der Konzern wies darauf hin, dass sich die Funktion auch deaktivieren lässt; aber bei der Freiwilligkeit muss es nicht bleiben. Im Netz könnte ein technokratisches Sprachregime entstehen, das Bedeutungen weit effizienter kanalisiert, als es sich Orwell in vordigitalen Zeiten vorstellen konnte. Die algorithmischen Verfahren, die entwickelt und verfeinert wurden, um die Kommunikation im Netz zu monetarisieren,[64] werden zunehmend für politische Zwecke genutzt und dienen einer mikrologischen, auf der Wortebene ansetzenden Zensurpraxis, einem semantischen ›Shadowbanning‹. »Mathematische Modelle für Semantik und Pragmatik werden jedoch mit der Zeit optimiert«, prognostiziert der Mathematiker und Publizist Johannes Eisleben, »insbesondere als Anwendung auf semantische Spezialfelder, wie beispielsweise Störung von Migrationsplänen, Negierung des anthropogenen Klimawandels oder Bestrebungen nach EU-Austritt in weiteren Ländern. Dadurch wird es in den nächsten Jahrzehnten möglich werden, die Überwachung von Subjekten der Herrschaft zu automatisieren.«[65] Nach dem Modell des in China bereits existierenden Sozialkredit-Systems wäre eine Belohnungsapparatur für konformistisches Verhalten denkbar, die wohlgefällige Meinungsbekundungen und Formulierungen honoriert.

Die Konzentration in der Digitalbranche, die heute von wenigen Datenmagnaten dominiert wird, fördert eine semantische Monokultur und erleichtert den smarten Zensoren das Geschäft. Unter Androhung von Steuererhöhungen, Gesetzesverschärfungen und Sanktionen sowie unter dem Vorwand von Urheberrecht und Datenschutz ist es den Regierungen gelungen, die Digitalkonzerne so weit gefügig zu machen, dass sie ihre Sperr- und Löschpraxis weitgehend auf die Erfordernisse der Politik abstimmen. Dabei werden sie zunehmend von halbstaatlichen Spitzeln unterstützt, die sich als moralische Korrektive in den Filterblasen des Hasses gerieren oder als »Faktenfinder« tarnen. Die Zensurmaßnahmen schmälern den ›Traffic‹ und damit auch den Umsatz der Digitalkonzerne. Aber diese Einbußen nehmen die Plattformbetreiber in Kauf, sofern ihr Geschäft außerhalb der politisch verfänglichen Zonen unangetastet bleibt.

Die Selbstzensur, als Verinnerlichung vorgegebener Sprach- und Denkschablonen, dürfte unter diesen Bedingungen immer einschneidender werden. Auf die Marginalisierung abweichender Äußerungen geeicht, durchdringen die Sprachalgorithmen die kommunikative Infrastruktur bis in die kleinsten Verästelungen hinein und trainieren einen vorauseilenden Konformismus. Längst greifen sie in den intimen Akt der Verfertigung der Gedanken beim Sprechen und Schreiben ein – über Korrektur-, Übersetzungs- und Vervollständigungsfunktionen, über Texterkennung und Sprachsteuerung.

An den zahlreichen Mensch-Maschine-Schnittstellen nähren die von Automaten soufflierten Formulierungen die Illusion eigener Autorschaft. Die Unterwerfung unter die Usancen politischer und moralischer Wohlgefälligkeit erscheint als Freiheitsgewinn und Beitrag zu weniger Hass in der Welt. Die Räume des Sag- und Denkbaren, die das World Wide Web zu erweitern und vervielfältigen versprach, werden erneut eingeengt und drohen ganz geschlossen zu werden. Wenn sich diese Entwicklung zu einer programmierbaren Semantik fortsetzt, könnte eine Grammatik des wünschenswerten Denkens, die bislang nur dystopische Fiktion war, schon bald in Reichweite rücken. Für die Hegemonen der öffentlichen Meinung verlören Begriffe und Bedeutungen den Stachel der Unberechenbar- und Unbeherrschbarkeit. Die Häretiker hingegen, die auf die Umdeutung der Begriffe in ihrem Sinn setzen, wären um eine Hoffnung ärmer.

NARRATIVE DER HYPERMORAL

PERSONALISIERUNG UND MORALISIERUNG

Es war eine denkwürdige Präfiguration jener Ereignisse, die als »Grenzöffnung« in die Geschichte eingingen: Am 15. Juli 2015 traf Bundeskanzlerin Angela Merkel in einem Bürgerdialog in Rostock die damals vierzehnjährige Reem Sahwil. Im Gespräch mit der Kanzlerin berichtete das im Libanon geborene Mädchen mit palästinensischen Wurzeln über die belastende Ungewissheit angesichts einer drohenden Abschiebung. Die Begegnung spielte sich in einem medialen Raum ab, der sich schwer kontrollieren ließ. Die vermutlich akribische Vorbereitung der Parteiveranstaltung und die bestellte Moderation konnten nicht verhindern, dass Unvorhergesehenes geschah. Die Kamera versuchte die Tränen des Mädchens zunächst zu ignorieren. Sie flossen, als Merkel sagte, Politik sei manchmal hart. Es könnten nicht alle nach Deutschland kommen, die in palästinensischen Flüchtlingslagern im Libanon lebten, schob die Kanzlerin nach, die plötzlich unsicher und ungelenk wirkte. »Aber es werden auch manche wieder zurückgehen müssen.«[66] Wahrscheinlich begriff Angela Merkel, dass es sich in diesem Moment verbot, die kalte Rationalität des Rechts zu verkörpern. Sie war zum abrupten Rollenwechsel gezwungen. »Du hast das doch prima gemacht«, versuchte die Kanzlerin Reem zu trösten und streichelte ihr den Kopf. Die Bemerkung erschien deplatziert, denn Lampenfieber war gewiss nicht der Grund für die Tränen. Die Szene verbreitete sich schnell in den Sozialen Medien. Dort erntete Merkel nicht nur Kritik, sondern eine Empörung, die sich zum Shitstorm steigerte.[67]

Es geht nicht um eine psychologische Deutung des Verhaltens der Kanzlerin und auch nicht um die Frage, ob ihr Mitgefühl echt oder aufgesetzt war. Von Interesse sind vielmehr die politischen Implikationen dieser Episode in der Rostocker Schule. Die öffentliche Erwartungshaltung verlangte in dieser Situation eine menschliche Anteilnahme, die das Legalitätsprinzip suspendiert. Jede Berufung auf Recht und Gesetz musste als herzlos und unmoralisch erscheinen.

Bald schon fand die Kanzlerin Gefallen an ihrer neuen Rolle, die ihr zunächst nicht zu behagen schien. Es liegt nahe, in Merkels Politik des »freundlichen Gesichts«, die sie in den Monaten nach diesem Auftritt unbeirrbar verfolgte, auch eine Lehre aus der Begegnung mit Reem und eine Konsequenz der medialen Kritik an ihrer »Kälte« zu sehen.[68]

Für eine humanitäre Ausschließlichkeit, die auch im politischen Raum alle anderen Wertmaßstäbe überlagert und in den Hintergrund drängt, hat Arnold Gehlen den Begriff »Hypermoral« geprägt. In seinem 1969 erschienenen Entwurf einer pluralistischen Ethik geht der Theoretiker der Institutionen von dem Befund aus, dass es »mehrere voneinander funktionell wie genetisch unabhängige und letzte sozialregulative Instanzen im Menschen«[69] gebe. Eine vereinheitlichte, im Singular gedachte Moral sei demgegenüber nur eine nachträgliche kulturelle Stilisierung. Neben einer basalen Ethik der Gegenseitigkeit und einer instinktgebundenen, verhaltensphysiologisch erklärbaren Ethik des Wohlbefindens und Glücks stehen sippen- oder familienbezogene ethische Verhaltensweisen und das Ethos der Institutionen im Blickpunkt. Zwischen Letzteren kommt es nach Gehlen zu einer folgenreichen Überlagerung und Vermischung. Die Überdehnung des auf eine familiäre Nahoptik eingestellten Ethos der Fürsorge und Rücksichtnahme befördere antiinstitutionelle, pazifistische, naiv-kosmopolitische Einstellungen, die staatlich-institutionelle Loyalitäten und Tugenden wie Dienst am Gemeinwesen und Opferbereitschaft untergraben könnten, argumentiert Gehlen. Diese Entwicklung werde durch den Eudaimonismus eines sich immer weiter ausdehnenden Sozialstaats befördert, der den Leviathan zur »Milchkuh«[70] mache. Das Ergebnis der Extrapolation einer Privatmoral in die Sphäre des Politischen nennt er »Humanitarismus«[71]. Dieser sei durch eine Selbstüberhebung und Maßlosigkeit des Moralischen gekennzeichnet, weshalb Gehlen auch von »Moralhypertrophie«[72] oder, wie bereits im Titel, von »Hypermoral« spricht.

Die Kritik an der »überdehnten Hausmoral«[73] erinnert an Max Webers Unterscheidung zwischen Verantwortungs- und Gesinnungsethik, auf die Gehlen sich allerdings nicht ausdrücklich bezieht.

Bereits Weber hatte – ein halbes Jahrhundert vor Gehlen – davor gewarnt, dass die »Flamme der reinen Gesinnung«[74] die Sphäre des Politischen entfachen und verzehren könnte.

Mehr noch als auf Weber nahmen die Kritiker der »Willkommenskultur« auf Gehlen Bezug, um dem etwas ungehobelten Kampfbegriff des »Gutmenschen« anthropologische und psychopolitische Tiefenschärfe zu verleihen. Allerdings drehte die emotionalisierte Kritik die Spirale der Ereiferung weiter, anstatt sie zu bremsen, wie Alexander Grau treffend bemerkte: »Auch Empörung über Empörung ist Empörung.«[75] Im Licht der Ereignisse seit 2015 stellten konservative Kritiker der Hypermoral nicht nur die Moralisierung des Politischen, sondern die Moral und ihre Begründung selbst unter Generalverdacht. Die Deutung der Hypermoral als Dekadenzphänomen lässt indes übersehen, dass der Überdehnung des Moralischen eine weitgehende Entkopplung der Moral vom normbegründenden Diskurs, letztlich von jedweder Begründungsverpflichtung vorausgeht. Die vermeintliche Überevidenz des Guten, das ohne den Umweg des Diskurses auszukommen glaubt, wird auch abseits ethisch-moralischer Erörterungen zum Modell einer begründungslosen Durchsetzung von Geltungsansprüchen. Nicht die Annahme einer diskursiven Begründbarkeit ethischer Normen wird zum Problem, sondern die sich ausbreitende Überzeugung, zugunsten eines gefühligen Appells an Haltung, Werte und Gesinnung auf Begründung verzichten zu können.

Der Zusammenhang zwischen Diskurserosion und überdehnter Moralisierung erschließt sich erst, wenn man die Narrative und medialen Darstellungsformen in den Blick nimmt, die diesen Zusammenhang herstellen. Arnold Gehlen geht im Schlussteil seines Essays auf die Sprachform der Hypermoral ein. Die Unfähigkeit zur Differenzierung und der Verlust sprachlicher Nuancen begünstigten antiinstitutionelle, privatistische Deutungsmuster. »Wir leben aus objektiven Gründen in einem Zustand der Sprachverarmung, der differenzierte Gedankengänge seltener macht und sie an den Rand des Tagesbewußtseins schiebt. Damit steigt die Neigung zu moralisierenden Argumenten, um den Verständigungsprozeß abzukürzen.«[76] Ein entscheidender Faktor dieser Verkürzung ist die mediale Tendenz zur Personalisierung, deren gegenwärtige Ausmaße und Auswirkungen für Gehlen Ende der sechziger Jahre des vorigen Jahrhunderts noch kaum absehbar waren. Die Personalisierung lässt sich als Rückseite der bewussten sprachlichen Anonymisierung in Verwaltung und Politik verstehen. So wie die Berufung auf Sachzwänge in vielen Fällen nur eine Schutzbehauptung ist, so lassen sich sprachliche Strategien der Entpersönlichung unschwer als verbale Vernebelungstaktik entlarven. In der Sprache der Apparatschiks wird das Subjekt ganz bewusst hinter Passivkonstruktionen und Nominalisierungen versteckt, damit es im Zweifel nicht dingfest gemacht und zur Verantwortung gezogen werden kann. Mindestens so problematisch wie dieser sprachliche Bürokratismus, der Verantwortlichkeiten bereits auf Wort- und Satzebene unkenntlich macht, ist allerdings die gegenläufige Strategie der Personalisierung und Vermenschlichung. Mediensätze und -dramaturgien folgen einem fast zwanghaften Aktionismus. Jeder Sachverhalt braucht ein Gesicht, jeder Zusammenhang eine Szene, jede Behauptung einen Akteur, jedes Problem einen Experten, der es erklärt. Das verständliche Bemühen, dem Einzelfall eine Geschichte, der namen- und gesichtslosen Zahl ein Schicksal abzutrotzen, steigert sich zu einem storytrunkenen Eifer, der am Ende nicht nur das zählbare Faktum, sondern die Empirie insgesamt in den Hintergrund treten lässt.

Unabhängig von der systemtheoretischen Flughöhe des akademischen Diskurses in Soziologie und Politikwissenschaften dominieren in der medialen Öffentlichkeit Deutungsmuster einer privatistischen Moral. Politische Debatten wurden und werden mit einer intentionalen Semantik persönlicher Zuschreibungen und Motivlagen aufgeladen. Zu vermuten ist, dass die Herstellung und Verbreitung dieser Deutungsmuster ihrerseits systemischen Imperativen folgen. Narrative Simulationen einer bewohnbaren Welt kaschieren die Unwirtlichkeit des Systemischen, aus dem sie hervorgehen. Sie verleihen der »Herrschaft der formalistischen Unpersönlichkeit«[77] (Max Weber) ein freundliches Gesicht. Die Fiktionen persönlicher Beweggründe und Absichten sind willkommene Formen der Reduktion von Komplexität und der Bewältigung von Kontingenz. Das politische System wird mit lebensweltlich vertrauten Deutungsmustern belegt, die über seine unumkehrbare Entkopplung von der Lebenswelt und die Erosion lebensweltlicher Üblichkeiten hinwegtäuschen. Die Personalisierung, die ohne Rücksicht auf Realitätsverluste exerziert wird, bietet nicht nur unschätzbare Vorteile im medialen Gerangel um Aufmerksamkeit; sie ist auch unverzichtbarer Treibstoff der Erregungs- und Empörungsökonomie.

Niklas Luhmann ordnet die Personalisierung und Individualisierung von Motivlagen im Medium narrativer Fiktionalität dem Programmbereich der Unterhaltung zu. »Hier erscheinen Individuen mit Biographie, mit Problemen, mit selbsterzeugten Lebenslagen und Lebenslügen«[78], schreibt er in seiner Studie *Die Realität der Massenmedien*. Als der Soziologe diese Typologie der medialen Kommunikation Mitte der 1990er Jahre entwickelte, hatte die Personalisierung längst schon jene Sphäre des Nachrichtlichen, ja des Politischen selbst erfasst und durchsetzt, die Luhmann von der Unterhaltungssparte unterschieden wissen wollte. Folgenreich ist die narrative Formierung des Politischen insofern, als sie eine Entdifferenzierung der Geltungssphären vorantreibt und einen Moralisierungsschub auslöst, dem sich die politischen Akteure kaum entziehen können. Ihre Rolle drängt sich ihnen förmlich auf, wie die Szene in der Rostocker Schule zeigt. Mehr noch als die »unschönen Bilder« musste die Kanzlerin die Eigendynamik und Unwiderstehlichkeit des moralisierenden Narrativs fürchten. Deshalb arrangierte sie sich mit ihm und ließ es fortan für sich arbeiten.

STORYTELLING IM »GLOBALEN DORF«

Die technische Infrastruktur der Massenmedien begünstigt die Ausbreitung moralisierender Deutungsmuster. Ins Gewicht fällt vor allem der Aufstieg des Fernsehens als Massenmedium, der die Personalisierung des Politischen forciert hat. Gehlen spricht 1969 von einer »Veränderung des Verpflichtungsgefühls«[79] durch das Fernsehen, das Entfernungen schrumpfen lässt und Fernste zu Nächsten macht. Damit stimmt Marshall McLuhans Beobachtung überein, dass audiovisuelle Medien Raum und Zeit entwerten und die Welt auf das Miniaturformat eines »globalen Dorfs« oder eines Stammes schrumpfen lassen:

»Wir leben in einem einzigen komprimierten Raum, der von Urwaldtrommeln widerhallt.«[80] Im »global village« der elektronischen Massenmedien wird mit der kalten, distanzierten und distanzierenden Rationalität der Schriftkultur und des linearen Denkens auch das ihnen entsprechende Ethos suspendiert. Es macht einer neuen Kultur der Unmittelbarkeit und Simultaneität Platz, die den idealen Nährboden für eine erweiterte, globalisierte Privatmoral darstellt. Mit dem Zusammenschrumpfen der Welt in den elektronischen Schaltkreisen erweitert sich zugleich das heimische Wohnzimmer und damit der Adressatenkreis der Familienmoral. McLuhan konnte diesem Trend durchaus positive Seiten abgewinnen und beobachtete neue Formen der Anteilnahme, des Engagements und des Dialogs, während Gehlen die Schattenseite einer Erosion des staatlichen und institutionellen Ethos betonte.

Das World Wide Web hat mit den global-medialen Interdependenzen, die McLuhan beschreibt, auch das weltumspannende Verpflichtungsgefühl, von dem Gehlen spricht, über alle Maßen verstärkt. Symptomatisch dafür ist der Kosmopolitismus der »digital natives«, an den Personalisierung und Storytelling nahtlos anknüpfen können. Die Lagerfeuer des Erzählens glimmen heute millionen-, ja milliardenfach auf den Touchscreens und Displays. Das Netz hat die Erzählgemeinschaften, die zugleich Empörungsgemeinschaften sind, stark diversifiziert. Gleichzeitig hat sich das Erzählen zu einer Kommunikationsform der Augenblicklich- und Gleichzeitigkeit entwickelt. Unter dem Regime der Jetztzeit hat es nicht nur seinen epischen Atem, sondern auch die narrative Kraft eingebüßt, die der Zeit Struktur zu geben, Ereignisse zu sequenzieren und Distanz zum Geschehen herzustellen vermag. Im Biotop der digitalen Ort- und Grenzenlosigkeit steigert sich die »Informationshektik«, die nach Gehlens Beobachtung mit »moralhypertropher Aufgeregtheit«[81] einhergeht.

Das narrative Prinzip könnte identitäts- und gemeinschaftsbildend wirken, aber im Verbund mit einer uferlosen Moralisierung entfaltet es einen gegenläufigen Effekt. Das Erzählen, das Walter Benjamin als die »handwerkliche Form der Mitteilung«[82] charakterisierte, erscheint heute vor allem als Ausdrucksform der »überdehnten Hausmoral«.

Genauer: Es ist zum Vehikel ihrer grenzenlosen Ausdehnung geworden, die längst auch den politischen Diskurs erfasst hat.

In diesem Erzählen gibt es nur Ich und Welt. Im grenzen- und konturlosen Dazwischen ist nichts auszumachen, was Loyalität verdiente. Alle intermediären Instanzen sind verschwunden. Das postheroische Gemeinwesen ist narrativ unergiebig. Auch der nach außen schützende, nach innen befriedende Staat taugt nicht als Held. Wo immer er personale Züge annahm, wurde er rasch als monströse Unperson denunziert. Das Titelblatt der Erstausgabe des *Leviathan* von Thomas Hobbes zeigt ihn als gekrönten Riesen, der sich aus unzähligen Einzelpersonen zusammensetzt. Das Schwert in der Rechten, den Bischofsstab in der Linken, hat er die Arme schützend über die Stadt gebreitet. Sein Gesichtsausdruck ist nicht unfreundlich, fast jovial. Diese einnehmende Darstellung änderte allerdings nichts daran, dass der Leviathan »zu einem grauenhaften Golem oder Moloch aufgedröhnt«[83] wurde, wie Carl Schmitt beobachtete.

Dieses Schreckensbild ist bis heute virulent, was etwa in der medialen und narrativen Aufbereitung der »Rettungsmissionen« Carola Racketes sichtbar wurde. Die »Kapitänin« wurde im Sommer 2019 international bekannt, als sie mit der »Sea-Watch 3« und vierzig Flüchtlingen an Bord ungeachtet des Verbots der italienischen Behörden und trotz mehrfacher Aufforderung zur Umkehr den Hafen der Insel Lampedusa anlief. Dabei drängte sie mit ihrem 600-Tonnen-Schiff ein viel kleineres Schnellboot der italienischen Zoll- und Steuerpolizei ab und rammte es sogar, woraufhin sie festgenommen und zwischenzeitlich unter Hausarrest gestellt wurde. Menschenrettung dürfe nicht kriminalisiert werden, lautete der Tenor der unzähligen Sympathiebekundungen des linksliberalen Mainstreams in Deutschland. Es fiel ihm leicht, die junge Frau zur Heldin grenzenloser Humanität aufzubauen und gegen den Leviathan in Stellung zu bringen. Die Ereignisse folgten einem alten Skript, ein Casting erübrigte sich: Hier die unerschrockene Lebensretterin, eine globalistische Jeanne d'Arc der Meere, Inkarnation der Moral, dort ein Staat, der die kalte Abstraktion des Rechts gegen alle Gebote der Menschlichkeit exekutiert und mit den Häfen auch die Herzen verschließt. Obwohl die Bilder des Anlegemanövers die gegenteilige Deutung nahelegten, drängte sich eine David-gegen-Goliath-Konstellation auf, die keinen Zweifel an der Verteilung der Sympathien gestattet: Gegen eine NGO-Heldin, welche die »Flamme der reinen Gesinnung« verkörpert, kann der Leviathan nur verlieren.

Auch unabhängig von der jeweiligen Figurenkonstellation begünstigt die narrative Struktur den gefühlsgeladenen Subjektivismus des Guten. Der *narrative turn* und die anhaltende Konjunktur des Storytelling haben den Resonanzraum einer Politik der reinen Gesinnung erheblich ausgeweitet. Im politischen Storytelling ging es dabei zunächst nicht um die Konstruktion eines großen, umfassenden, übergreifenden Mythos als kollektive Sinnressource und Triebkraft politischer oder sozialer Bewegungen. Die politische Kommunikation griff und greift vielmehr auf eine im Marketing bewährte narrative Strategie zurück, die hochgradig flexibel, wandlungs- und anpassungsfähig ist. Storytelling füllt die Vakanz nach dem von Jean-François Lyotard ausgerufenen Ende der »Metaerzählungen«[84]. Im Marketing ist es zudem die Antwort auf den wachsenden Werbeüberdruss, der sich seit Mitte der 1990er Jahre – nicht zuletzt auch unter dem Eindruck der globalisierungskritischen Bewegung – zu einer handfesten Krise der Marken auszuwachsen drohte. Man stellte das Trommelfeuer werblicher Botschaften zumindest zeitweise ein und setzte auf poetische Umwege und die absichtliche Unabsichtlichkeit des Ästhetischen. Die fein dosierten Verwicklungen des Plots ersetzten die polierte Oberflächlichkeit der klassischen Warenästhetik. Marken erscheinen fortan als narratives Bedeutungskapital, das es sorgsam zu pflegen und zu mehren gilt.[85]

Spin Doctors und Politikberater kopierten und adaptierten die im Markenmanagement bewährte Strategie. Bislang unübertroffener Virtuose des politischen Storytelling war der ehemalige US-Präsident Barack Obama. Das wichtigste Projekt seiner ersten Amtszeit, die große Gesundheitsreform, rechtfertigte er beispielsweise bei einer Bürgerversammlung im US-Bundesstaat Colorado im August 2009 mit einer sehr persönlichen Erzählung, die Krankheit, Sterben und Tod seiner Großmutter vergegenwärtigte. Madelyn Dunham war zwei Tage vor der Wahl ihres Enkels zum ersten schwarzen Präsidenten der

Vereinigten Staaten gestorben. Obama hatte eine Auszeit im Wahlkampf genommen, um seine schwer krebskranke Großmutter ein letztes Mal zu besuchen. Ein knappes Jahr später begegnete er dem Vorwurf, er wolle die medizinische Leistung für Senioren einschränken – Kritiker sprachen gar von geplanten »Todes-Komitees« – mit dem Rückgriff auf die eigene Biografie: »Ich weiß, wie es ist, wenn man erlebt, dass jemand, den man liebt, alt und krank wird.«[86] Das emotional aufgeladene, moralisierende Erzählen ist hier nicht mehr nur rhetorisches Exempel, sondern integraler Bestandteil der Begründung; es flankiert nicht, sondern ersetzt das Argument.

Vor der gefährlichen Tendenz, aus der Intensität moralischer Gesinnung einen höheren Standpunkt abzuleiten und diesen gegenüber dem Recht und den Üblichkeiten des Common Sense zu privilegieren, warnte der Philosoph Hermann Lübbe schon früh. Sogar Verstöße gegen das Recht würden unter Berufung auf die vermeintlich bessere Sache gerechtfertigt, lautet sein Befund. Ein solcher Moralismus, in dem die Gesinnung über die Urteilskraft triumphiert, mündet nicht selten in eine Selbstermächtigung zur Gewalt, wie Lübbe am Beispiel der Totalitarismen des 20. Jahrhunderts zeigt.[87] Unabhängig von diesen Großideologien gibt es laut Lübbe auch eine eher mikrologische Praxis der moralisierenden Debattenführung, die den politischen Gegner moralisch diskreditiert, seine Sachargumente neutralisiert und ihn schließlich mundtot macht: »Moralist in diesem Sinne ist, wer, statt ad rem, ad personam argumentiert.«[88] Dieses *ad personam* ist mehr als ein rhetorischer Kniff. Im medial-narrativen Komplex wird es auf eine Weise strukturbildend, die das Argumentieren erübrigt, Themen gezielt einer diskursiven Erörterung entzieht und eine Rückkehr auf die Sachebene nahezu ausschließt.

Neben den flexiblen, tagespolitischen Spielarten des Storytelling gibt es stabilere narrative Formationen, die mögliche Bahnen einer Debatte ebnen und kanalisieren, bevor diese überhaupt begonnen hat. Der metapolitische Kampf um die Diskurshegemonie, um die Verwendung von Begriffen und ihre Deutungshoheit, beginnt nicht nur im vorbegrifflichen Bereich des Erzählens, sondern wird dort in vielen Fällen auch entschieden. Die Aura ästhetischer Absichtslosigkeit, die das Erzählen verbreitet, qualifiziert dieses als sprachpolitisches Instrument. Das Regime des moralisierenden Erzählens entwickelt ein wachsendes Raffinement darin, seine manipulativen Absichten zu verschleiern. Es adaptiert ästhetische Strategien und poetische Sprechweisen, um *nicht* als Regime in Erscheinung zu treten.

DAS NARRATIV DER »WILLKOMMENSKULTUR«

Der Medienwissenschaftler Michael Haller, der mit seinem Forscherteam die Berichterstattung zur Flucht- und Migrationsthematik in großen deutschen Tageszeitungen auswertete, sieht im Narrativ der »Willkommenskultur« den Schlüssel zur Beeinflussung des Meinungsklimas in jener Zeit. In seiner viel beachteten Studie zeichnete er nach, wie Politiker diesem Deutungsmuster in den Jahren nach 2012 »zu einer persuasiven Macht« verhalfen, »die im medialen Diskurs zur Kampagne gesteigert wurde und Einwände als ›unanständig‹ erscheinen ließ«.[89] Ausgangspunkt für die Lancierung des Narrativs, dessen Themenkarriere in der bundesdeutschen Debatte Haller rekonstruierte, war der von der Wirtschaft reklamierte Bedarf an fachlich qualifizierten Einwanderern. Der Fachkräftemangel, der das Wirtschaftswachstum und somit den Wohlstand gefährdete, sollte durch gezielte Zuwanderung kompensiert werden. Außerdem sollten die bereits in Deutschland lebenden Migranten schneller und besser in den Arbeitsmarkt integriert werden. Als Ursache für die schleppend verlaufende und mangelhafte Eingliederung machten Politiker, Wirtschaftsverbände und Medien unisono eine unzureichende »Willkommenskultur« in Deutschland aus. Ging es zunächst vor allem um Einwanderungs- und Arbeitsmarktpolitik sowie um einen Abbau bürokratischer Hürden bei der Beschäftigung von Migranten, wurden später ein grundlegender Mentalitätswandel der Bevölkerung und eine stärkere Hinwendung zum »Fremden« eingefordert.

Die Umdeutung einer letztlich partikularistischen Forderung in ein Gebot der Menschlichkeit ist bereits in der euphemistischen Wortschöpfung angelegt. Forciert wurde die Moralisierung in dem Moment, in dem die Fragwürdigkeit und Brüchigkeit des Narrativs offenbar zu werden drohte. Als sich abzeichnete, dass die stark gestiegene Zuwanderung weder den Fachkräftemangel beseitigen noch das demografische Problem lösen, sondern die Sozialsysteme belasten würde, wurde das Narrativ in einer Art Trotzreaktion auf alle ausgedehnt, die ins Land kamen, und zugleich moralisch überhöht. Der Appell an das ehrenamtliche Engagement, den gesellschaftlichen Zusammenhalt und letztlich an das moralische Gewissen sollte die offensichtlichen Schwächen der Deutung kaschieren. Weil das Narrativ als Wirklichkeitsbeschreibung, Erklärungsmodell und Handlungsanweisung versagte, wurde es zum Credo. Die moralische Überhöhung des ursprünglich ökonomischen Desiderats schuf eine jeder kritischen Prüfung entrückte Zone der Fraglosigkeit. Aus der Begründungsnot wurde ganz buchstäblich eine Tugend gemacht. Die Motive der »Willkommenskultur« wandelten sich und wurden zunehmend irrational, ja überwertig. So viel Freundlichkeit und Güte müssen mit ebenso viel Dankbarkeit und besonderem Gelingen belohnt werden, so die kollektive Suggestion. Angesichts ihrer düsteren Geschichte war die »Willkommenskultur« für die Deutschen, so hatte es den Anschein, zugleich eine willkommene Gelegenheit für die moralische Wiedergutmachung.

Die Bezeichnung »Septembermärchen«, die von Katrin Göring-Eckardt, der Fraktionsvorsitzenden der Grünen im Deutschen Bundestag, in die Debatte gebracht wurde, belegt den narrativen Charakter der damals herrschenden Deutung. Bezeichnenderweise rief sie mit dem Märchen ein Genre auf, das die Wirkmacht des Wünschens gestaltet. Zugleich bezog sie sich auf die zum »Sommermärchen« stilisierte und mythisierte Fußballweltmeisterschaft 2006, deren Slogan »Die Welt zu Gast bei Freunden« sich bruchlos in das moralisierende Deutungsmuster einfügte und den humanitären Imperativ des Jahres 2015 vorwegzunehmen schien.

Das übergreifende Narrativ wurde durch ein Bündel weiterer Storys flankiert, die einzelne Elemente der Basiserzählung stützen sollten. So dienten beispielsweise Pars-pro-toto-Geschichten beruflich besonders qualifizierter Flüchtlinge und Einwanderer dazu, die Qualifikationsthese, die genau besehen nur eine Unterstellung oder Suggestion war, zu untermauern. Die ständige und nur leicht abgewandelte Wiederholung solcher Storys auf allen zur Verfügung stehenden Kanälen ersetzte die Verifikation der These und schloss zugleich eine Falsifikation nahezu aus. Die mediale Omnipräsenz trat an die Stelle von Augenschein und Empirie. Dass der syrische Arzt in diesem Zusammenhang zum Topos wurde und schließlich auch als Gemeinplatz wahrgenommen wurde, spricht allerdings nicht für die Überzeugungskraft dieses Narrativs.

Das Narrativ der kulturellen Bereicherung, das in der Phase der bereits stark vorangeschrittenen Moralisierung einsetzte, appellierte nicht einmal mehr oberflächlich an die Ratio, sondern griff auf eine durchweg mythische Plausibilisierung zurück. Es ging nicht mehr um ökonomisch verwertbare Eigenschaften, sondern um immaterielle Werte, die aus der Erfahrung der Flucht selbst resultierten. Exemplarisch für diese Deutung ist eine zum verbalen Bummerang gewordene Aussage von Martin Schulz im Juni 2016. »Was die Flüchtlinge zu uns bringen, ist wertvoller als Gold«, sagte der damalige EU-Parlamentspräsident und spätere SPD-Kanzlerkandidat. »Es ist der unbeirrbare Glaube an den Traum von Europa. Ein Traum, der uns irgendwann verloren gegangen ist.«[90] Diese Interpretation entspricht dem archetypischen Narrativ der Heldenreise, demzufolge ein Aufbruch aus der gewohnten Welt und Bewährungsproben epischen Ausmaßes dem Helden, der diese Abenteuer besteht, besondere Einsichten oder Kräfte verleihen und ihn in den Besitz eines übernatürlichen Elixiers bringen, von dessen »Segnungen«[91] die gesamte Gemeinschaft profitiert. Der Mythenforscher Joseph Campbell hatte dieses Erzählmuster, das er auch »Monomythos« nannte, in den vierziger Jahren des vorigen Jahrhunderts aus Mythen, Legenden und religiösen Erzählungen unterschiedlicher Zeiten und Kulturkreise destilliert. Auf solchen epischen Pfaden, die einem Schleppertransport die Dimensionen der Odyssee verleihen, fällt es zudem leicht, die Migration aus wirtschaftlichen Gründen in eine Flucht umzudeuten.

Das große Engagement in der Flüchtlingshilfe in den Jahren 2015 und 2016 zeigt, dass das Willkommensnarrativ in weiten Teilen der Gesellschaft zunächst durchaus verfing. Ein entscheidender Faktor seines anfänglichen Erfolgs dürfte der hohe Konformitäts- und

Loyalitätsdruck gewesen sein, der durch die Moralisierung aufgebaut wurde. Dennoch konnte das Narrativ eine Polarisierung nicht dauerhaft verhindern. Obgleich es sowohl von Leit- und Lokalmedien als auch von nahezu allen Meinungsführern und gesellschaftlichen Eliten einhellig gestützt wurde, funktionierte die »Schweigespirale« nicht so, wie sie von Elisabeth Noelle-Neumann 1980 während der Hochzeit der analogen Massenmedien idealtypisch beschrieben wurde.[92] Die Demoskopin ging davon aus, dass der Einzelne sich aus Furcht vor sozialer Isolation an der mutmaßlichen Mehrheitsmeinung orientiert. Weil er nicht wissen kann, wo und wie der Mainstream fließt, hält er sich an die veröffentlichte Meinung, welche die öffentliche nur simuliert. Wer eine davon abweichende Meinung hat, schweigt lieber, als das Risiko sozialer Ausgrenzung und Ächtung einzugehen, was wiederum die offiziellen Deutungsmuster weiter zementiert.

Dieses Modell setzt eine passive Empfängerrolle des Publikums voraus, die von interaktiven Onlinemedien aufgebrochen wurde. In den Sozialen Netzwerken fand auch der wachsende Unmut über die »Willkommenskultur« ein Ventil. Es etablierten sich alternative Erzähl- und Empörungsgemeinschaften, die jedes Element des Willkommensnarrativs mit negativen Vorzeichen versahen und beispielsweise den Begriff »Fachkraft« als höhnisch-pejoratives Schlagwort verwendeten. Mit ihren rhetorischen Kontern und Gegenerzählungen prolongierten die Kritiker der »Willkommenskultur« die Spirale der Ereiferung und trugen ihrerseits dazu bei, dass eine Rückkehr zum Diskurs weiter erschwert, wenn nicht gar auf Dauer verhindert wurde. Die affektiv aufgeladenen Antinarrative haben eine ähnliche Tendenz zur Selbstbewahrheitung wie die Willkommenserzählungen, gegen die sie sich wenden. Offen oder unter der Hand gestehen sie der Entrüstung, die sie als Thymos adeln, eine diskursüberlegene Evidenz zu, womit sie den narrativ-moralischen Komplex wider Willen festigen.

Der Filmemacher und Schriftsteller Alexander Kluge hält es für geboten, einen »Antirealismus des Gefühls«[93], der sich noch in aussichtsloser Lage über die Faktizität der Verhältnisse hinwegsetzt, gegen die grassierende Kälte und Gleichgültigkeit zu mobilisieren. Es gelte, die Tatsachen von der menschlichen Gleichgültigkeit zu erlösen.[94]

Medium dieses Antirealismus des Gefühls ist für ihn das Erzählen, und zwar sowohl das literarische und filmische als auch das journalistische. Er verweist auf die Meldungen und Anekdoten der von Heinrich von Kleist zwischen 1810 und 1811 herausgegebenen und redigierten *Berliner Abendblätter.* Was Kluge vorschwebt, ist eine literarische Rettung des Boulevardprinzips, als dessen Erfinder er den Zeitungsmacher Kleist betrachtet. Aus Kluges Sicht ist der Antirealismus des Gefühls immun gegen Lüge und Propaganda. Er übersieht allerdings, dass ein narrativ aufbereiteter, mit moralischem Gefühl aufgeladener Antirealismus bereits alle Medienkanäle beherrscht und eine weitverzweigte Empörungsökonomie befeuert. Der Antirealismus des Gefühls tritt in der Gestalt eines moralischen Hyperrealismus auf. Dessen trügerische Evidenz gefährdet nicht nur den gesellschaftlichen Diskurs, sondern untergräbt die Legitimationsgrundlagen des Politischen.

In der oben geschilderten Rostocker Episode ist die spätere narrative Gestaltung des Flucht- und Migrationsthemas bereits vorgezeichnet. Dass sich die Szene als Vorausdeutung der folgenden historischen, möglicherweise epochalen Ereignisse verstehen lässt, könnte selbst als weiterer Beleg für die Wirksamkeit der Personalisierung gelten. Reems Geschichte verbreitete sich nicht nur in Zeitungen, Sozialen Netzwerken, Talkshows und Fernseh-Jahresrückblicken, sondern auch in Buchform:[95] In der libanesischen Stadt Baalbek kommt Reem zu früh zur Welt. Sie leidet an einem Gehfehler, wird zudem Opfer eines Unfalls, wächst im Rollstuhl auf und muss sich zahlreichen Operationen unterziehen, die ihren Zustand nicht bessern. 2010 kommt sie mit ihrer Familie nach Deutschland, wo sie endlich die Behandlung erhält, die sie benötigt. Reem besucht eine Schule in Rostock und ist dort Klassensprecherin. Seit 2016 kann sie wieder gehen. Ihre bewegende Biografie stehe »stellvertretend für das Schicksal unzähliger Flüchtlinge«, behauptet der Klappentext. Tatsächlich ist Reem von nun an *das* Flüchtlingsmädchen, ganz unabhängig vom Rechtsstatus. Der Lebenslauf drängt das Legalitätsprinzip in den Hintergrund – und alle, die sich darauf berufen, in die Defensive. Wer angesichts dieser Biografie nach Asyl- oder Fluchtgründen fragt und auf ihrer rechtlichen

Prüfung besteht, hat ein Herz aus Stein. Es geht nicht vorrangig um Reems Person, sondern um die Personalisierung als Prinzip, nicht um ihre eigene Lebensgeschichte, sondern die narrative Konstruktion selbst, in der die Moral über die Abstraktion des Rechts triumphiert. Der Mensch, dessen Biografie sich im Erzählen konturiert, ist niemals illegal.

Unabhängig von der konkreten Ausgestaltung des Narrativs ist die »Moral von der Geschicht'« dem Erzählen unauflöslich eingeschrieben. Auch ohne eine ausdrückliche Belehrung in Form eines *fabula docet* mündet die Geschichte in den humanitären Imperativ. Wer darauf aus ist, die notwendige Unpersönlichkeit des Rechts als Unmenschlichkeit zu denunzieren, hat unter solchen Voraussetzungen ein leichtes Spiel. Dies bestätigt sich immer dann, wenn bei geplanten Abschiebungen narrativ aufbereitete und medial verbreitete Einzelschicksale erfolgreich aufgeboten werden und die Durchsetzung des Rechts verhindern.

Die gängige Unterscheidung zwischen fiktionalem und faktualem Erzählen – erfundene Geschichte dort, tatsachenorientierte Narration hier – trägt wenig dazu bei, die Fragwürdigkeit der narrativ eingelösten Geltungsansprüche zu verstehen, und bleibt zudem einem naiven Abbildrealismus verhaftet. Eine faktuale Geschichte kann selbst dann unwahr oder zumindest irreführend sein, wenn sie faktisch wahr und also nicht erfunden ist. In journalistischen und medialen Kontexten führt sie in die Irre, wenn sie explizit oder implizit für sich beansprucht, repräsentativ oder exemplarisch zu sein, ohne diesen Anspruch diskursiv zu untermauern. Das geschilderte Fallbeispiel, das im Mittelpunkt einer solchen Erzählung steht, ist nicht nur Exempel im rhetorischen Sinn, ist nicht nur dekorativ und illustrativ, sondern steht für das Ganze. Die narrative Konstruktion hat erheblichen, mitunter entscheidenden Anteil an der Plausibilisierung. Wer sich einer Konsens- oder Diskurstheorie der Wahrheit verpflichtet fühlt, müsste darin ein Problem sehen, denn der Wahrheitsanspruch der faktualen Erzählung wird eben nicht diskursiv oder argumentativ, sondern narrativ und also letztlich ästhetisch eingelöst.

In der erzählten Wirklichkeit der Fiktion gilt nicht, was der Fall ist. Die erzählte Singularität erhebt Anspruch auf Totalität, ohne dass dieser Anspruch diskursiv eingelöst oder empirisch verifiziert werden müsste. Der Protagonist eines Romans ist kein Einzelfall, sondern Zentrum eines literarischen Kosmos. Woran sich in der fiktionalen Welt einer Erzählung niemand stößt, das wird in Medienformaten mit literarischen Anleihen zum Problem. Die kleine Story erschleicht sich das Ganzheitsversprechen der großen Epik und überträgt es auf die Sphäre der Faktizität.

Zwar ist der Einsatz erzählerischer oder szenischer Mittel durchaus legitim, sofern das Exemplarische des Geschilderten diskursiv gestützt wird, wenn also etwa das in einer Reportage oder einem Feature exponierte Fallbeispiel mit den Ergebnissen einer wissenschaftlichen Studie untermauert wird. Genau dieser Nachweis wird indes nicht oder nur unzureichend erbracht. Schlimmer noch: Die szenischen und narrativen Elemente tragen dazu bei, dass er nicht erbracht werden muss. Das Pars-pro-toto-Prinzip der medialen Aufbereitung erzeugt eine Pseudokonkretion und Pseudoevidenz, die sich allen Begründungsverpflichtungen nahezu unbemerkt entwindet.

Ein Beispiel sind die sogenannten Einspieler in den politischen Talkshows. Sie geben vor, die Diskussion zu erden und die Debattenbeiträge mit der Wirklichkeit zu konfrontieren. Aus der Nähe betrachtet, handelt es sich jedoch um hochartifizielle Realitätssimulationen, die das Gespräch dramaturgisch steuern und in die gewünschte Richtung lenken. Wer auf Parallelgesellschaften, mangelnde Integration und steigende Kriminalitätsraten bei Migranten verweist, wird von einem geschickt platzierten, Empathie heischenden Beitrag über junge »Geflüchtete«, die sich beim Technischen Hilfswerk engagieren, selbst dann in die Defensive gebracht, wenn ihm argumentativ nichts entgegenzusetzen ist.

Wenig überraschend ist, dass das Pars-pro-toto-Prinzip, das mitunter sogar gegen Statistiken in Stellung gebracht wird, nur in der gewünschten Richtung akzeptiert wird. Passt ein Ereignis nicht in das bevorzugte narrative Schema, gilt ein striktes Verallgemeinerungsverbot. Die Straftaten von Asylbewerbern sind immer »Einzelfälle« und niemals exemplarisch. Die Mahnung, bloß nicht zu verallgemeinern, betrifft nicht nur eine rhetorische Figur, sondern auch das induktive Erkenntnisprinzip, das von wiederkehrenden Einzelfällen auf allgemeine Tendenzen schließt, und damit die Grundlage aller empirischen Erkenntnisse. Allein dieser medial erzeugte Effekt einer übersteigerten Extrapolation auf der einen und einer Induktionssperre auf der anderen Seite bewirkt eine erhebliche Verzerrung der Wahrnehmung.

Der 2018 als Fälscher überführte Journalist und *Spiegel*-Autor Claas Relotius brachte das Verfahren der literarisch erschlichenen Exemplarizität in seinen Reportagen zur Meisterschaft. Deshalb erstaunt es nicht, dass die Texte vielfach ausgezeichnet wurden. Geschichten wie die der in der Türkei ausgebeuteten elternlosen syrischen Flüchtlingskinder, denen im Traum Angela Merkel erscheint, oder des Flüchtlings aus Syrien, der durch Zufall tausend Euro findet, sie zur Polizei bringt und obendrein auf einen Finderlohn verzichtet, bedienen eine Nachfrage, die auch auf anderen Wegen gestillt worden wäre, vermutlich auch wurde und wird. Was Relotius lieferte, war das konkret ausgestaltete, mit poetischen Mitteln verdichtete, atmosphärisch angereicherte hypermoralische Narrativ. Dass Personen, Zitate und Realien vieler Storys erfunden waren, ist in Anbetracht des strukturellen Problems eines hochartifiziellen, moralisch beglaubigten Realitäts-Tunings eher sekundär. Eine Ursache dieses Problems ist, dass das früher noch intakte Sensorium des »Zu schön, um wahr zu sein« kollektiv außer Kraft gesetzt wurde. Nicht trotz, sondern wegen des märchenhaften Tons dieser »Relotiaden« flog der Schwindel lange Zeit nicht auf. Die höhere, hyperfaktische Evidenz des Guten zerstreute jeden Verdacht.

Die metonymische Überbietung des Arguments trifft auf ein gesellschaftliches Klima, in dem das Narrativ weithin als Begründungsäquivalent akzeptiert ist. Einem gründenden Erzählen wird sogar zugetraut, jene kollektiven Bindungskräfte zu aktivieren, die der Diskurs vernachlässigt, möglicherweise sogar geschwächt hat. Erzählungen konstituierten einen gemeinsamen Verständigungszusammenhang, der für das Funktionieren von Demokratien unentbehrlich sei, sagt der Politikwissenschaftler Herfried Münkler. »Mythen erzählen davon, dass einem das politische Projekt etwas wert sein soll, was sich nicht in einer alljährlichen Kosten-Nutzen-Bilanz erfassen lässt.«[96] Als Beispiel nennt Münkler das Projekt der Europäischen Union, das an einem »Fehlen einer es begleitenden Erzählung«, also einem narrativen Defizit kranke. »Und man kann nicht ausschließen, dass dieses Defizit in der gegenwärtigen Krise verheerende Folgen hat.«[97] Auch die politischen Akteure selbst teilen diesen Befund. In Europa fehle »eine große identitätsstiftende Erzählung«, ein »Gründungsmythos«, beklagte beispielsweise der damalige Bundespräsident Joachim Gauck in seiner viel beachteten europapolitischen Rede, die er im Februar 2013 im Schloss Bellevue hielt. »Wir haben keine gemeinsame Erzählung, die über 500 Millionen Menschen in der Europäischen Union auf eine gemeinsame Geschichte vereint, die ihre Herzen erreicht und ihre Hände zum Gestalten animiert.«[98] Dem Zutrauen in die gründende Kraft des Erzählens entspricht ein – wenn auch unausgesprochenes – Misstrauen in den begründenden Diskurs. Die anhaltende Konjunktur des Begriffs »Narrativ« ist Indiz dieser Entwicklung.

In den hypermoralischen Narrativen übernimmt die Moral eine kognitive Funktion. Sie schafft Identifikationsmuster, reduziert Komplexität und senkt den Informationsaufwand. Der US-amerikanische Politik- und Kommunikationswissenschaftler Robert Entman hat gezeigt, dass Deutungsmuster und Narrative dann besonders massenwirksam und medial erfolgreich sind, wenn sie die Darstellung eines Zusammenhangs überzeugend mit der Zuschreibung von Verantwortlichkeit und einer möglichst eindeutigen moralischen Bewertung verbinden.[99] Weil Neutralität eine Zumutung wäre und dem Publikum die Last einer eigenen Urteilsbildung aufbürdete, werden politische Begriffe bis hin zu Gesetzesnamen, wie »Gute-Kita-Gesetz« oder »Respektrente«, nach dem Muster von Werbenamen noch moralisch imprägniert. Indem die Jury der Gesellschaft für deutsche Sprache letzteren Begriff, einen Neologismus aus dem Laboratorium der Demagogie, zum »Wort des Jahres 2019« kürte, wertete sie diese moralisierende Praxis auf und diente sich damit der Politik als PR-Assistentin an.

Narrative Konstruktion und Personalisierung sind nicht nur Instrumente der Plausibilisierung, sondern auch der Legitimierung.[100] Als solche setzen sie diskursive Verfahren der Meinungs- und Willensbildung auf subtile Weise außer Kraft. Dies gelingt, weil sie geschickt an das moralische Gefühl appellieren und den verbreiteten Wunsch bedienen, gut zu sein. Die lebensweltliche Resonanz hat eine zusätzliche Überzeugungskraft: Was gut und richtig ist, weil es sich so *anfühlt*, das muss auch wahr sein. Wer moralisch auf der richtigen Seite steht, leitet daraus einen privilegierten Wahrheitsanspruch ab. Er betrachtet die moralische Überlegenheit als Lizenz, es mit den Fakten nicht so genau zu nehmen und sich im Zweifelsfall über sie hinwegzusetzen. Oft stehen der apodiktische Ton und das Klima der Alternativlosigkeit in scharfem Kontrast zur Schwammigkeit und Beliebigkeit der ›gemeinsamen Werte‹, die beschworen werden. Diese haben bestenfalls die Verbindlichkeit von Gemeinplätzen. Auch lösen sich kategoriale Unterscheidungen, wie etwa zwischen asylberechtigten politisch Verfolgten, Bürgerkriegsflüchtlingen und Arbeits- oder Wirtschaftsmigranten, im Narrativ auf. Die Begriffe zerfließen im Ungefähren oder werden durch Gefühlsbegriffe wie »Schutzsuchende« ersetzt, ohne dass diese Unschärfe, die in argumentativer Rede kaum zu verbergen wäre, als Schwäche oder Defizit erscheint. Anders als die begründende Rede vermag das Narrativ sogar aus seiner Begriffsstutzigkeit und Urteilsschwäche Kapital zu schlagen.

Jürgen Habermas hatte Arnold Gehlens ethischen Pluralismus und Antagonismus bereits 1970, also kurz nach dem Erscheinen von *Moral und Hypermoral*, kritisiert und seinen Widersacher der kulturkonservativen Larmoyanz bezichtigt. Einzige Wurzel und Prinzip der Ethik sei ein in der Sprache angelegtes Ethos der reziproken Anerkennung, das in jedem Verständigungsverhältnis die »ideale Sprechsituation« eines herrschaftsfreien Diskurses antizipiere, hält er Gehlen entgegen. Geltung können diesem Konzept zufolge nur die Handlungsnormen beanspruchen, »die in uneingeschränkter und zwangloser Diskussion einer (wiederholten) Rechtfertigung fähig sind«.[101] Im Narrativ der »Willkommenskultur« zeigt sich, dass die von Gehlen analysierte Überdehnung des Moralischen, die Habermas für eine gefährliche Chimäre hält, auch das diskurstheoretische Modell konsensueller Wahrheitsfindung und Normenbegründung aus den Angeln zu heben droht. Als Bestandteile der hypermoralischen Narrative sind die universalistischen Ideen einer unverzerrten Intersubjektivität zur größten Gefahr normbegründender Diskurse geworden. Im Namen des Universalismus werden jene Diskurse ausgeschaltet oder verhindert, die ihm gerecht werden und zur Durchsetzung verhelfen könnten. Die moralisch aufgeladenen Narrative gefährden nicht nur die immer wieder neu herzustellende Balance zwischen gesinnungs- und verantwortungsethischen Abwägungen; sie umgehen auch die Begründungsverpflichtung und den Legitimationszwang des Diskurses. Wer sich einzig auf narrative Formen der Plausibilisierung und Legitimierung verlässt, möchte sich der Debatte nicht stellen, sondern sich ihr möglichst unbemerkt entziehen. Diese Narrative sind in den allermeisten Fällen weder das Ergebnis zwangloser Verständigung noch historisch gewachsen. Sie sind vielmehr hochgradig gesteuert, lanciert und auf Diskursvermeidung angelegt, wie der anhaltende Storytelling-Boom in der Überredungsbranche zeigt.

In manchen zeitgenössischen Beiträgen zur philosophischen Ethik erscheint das Erzählen mit seinem unmittelbaren Bezug zur Lebenswelt und zum vorthematischen Erfahrungswissen sowie seinen emotionalen, affektiven Anteilen als notwendiges oder wünschenswertes Korrektiv einer allzu unpersönlichen, abstrakten, auf Prinzipien, moralische Urteile und rationale Begründung fixierten Moraltheorie. »What typical narratives possess and general moral theories lack is detail, particularity, and concreteness«[102], schreibt der Philosoph Noël Carroll. Wer wie er das Erzählen stärker im ethischen Diskurs zur Geltung bringen möchte, sollte dabei aber auch die Wirkung präfabrizierter Narrative berücksichtigen, die eine Urteilsbildung verkürzen oder verzerren und einen lebensweltlichen Bezug nur vortäuschen. Zu diesem Zweck wurden sie von Ingenieuren der öffentlichen Meinung programmiert. Noch folgenreicher ist der Umstand, dass dem Narrativ *als* Narrativ eine einseitige Parteinahme für den Standpunkt einer personalen Moral eingeschrieben ist, die eine gefährliche Unwucht im politischen Diskurs erzeugt.

Die Übertragung ästhetischer, literarischer Verfahren in den faktualen Bereich zu begründender Erkenntnisse und Forderungen weist Parallelen mit der von Gehlen beschriebenen Überdehnung der

Familienmoral ins Politische auf. Der Hypermoral entspricht eine Hyperfaktizität. Der Flüchtlings- und Migrationsdiskurs des Jahres 2015, der bei Licht betrachtet niemals ein Diskurs, sondern dessen subtile Vermeidung und Verhinderung war, zeigt, wie beide Mechanismen ineinandergreifen und sich in ihrer Wirkung verstärken. Die hyperfaktisch-hypermoralische Konstruktion geht, mit Gehlen gesprochen, »in den festen Zustand eines unzerreißbaren Gespinstes neuer Wirklichkeit«[103] über. Das moralisch aufgeladene Narrativ wird zum Maß aller Dinge und Urteile.

Die Ereignisse werden nicht nachträglich in ein Narrativ gezwängt, sie fügen sich vielmehr mit erstaunlicher Zuvorkommenheit selbst in das Raster ein. Ähnlich wie die ästhetische Forderung, dass »unschöne Bilder« um jeden Preis zu vermeiden seien, sind auch die Imperative der Personalisierung und des Erzählens handlungsmotivierend. Wenn das ZDF den 4. September 2015, den Tag der Grenzöffnung, die nicht mehr als solche bezeichnet wird, vier Jahre nach den folgenschweren Ereignissen in einer rührseligen Dokumentation (*Stunden der Entscheidung – Angela Merkel und die Flüchtlinge*) mit nachgespielten Sequenzen und fiktionalen Elementen als humanitäre Großtat in Szene setzt, dann ist dies nur der explizite Nachvollzug dessen, was im Geschehen und seiner unmittelbaren medialen Aufbereitung schon angelegt ist. Die Mischung aus Hypermoral und Hyperfaktizität musste nicht mehr neu erzeugt, sondern allenfalls in der Dosierung erhöht werden.

Wer vom kurrenten Narrativ abweicht oder es gar in Frage stellt, agiert nicht nur »postfaktisch«, sondern handelt auch unmoralisch. Die Vorwürfe der »Fake News« und des »Hate Speech«, die sich bezeichnenderweise beide abseits strafrechtlicher Kategorien bewegen, bestätigen und bekräftigen sich wechselseitig. Sie entsprechen dem unlösbaren Zusammenhang aus Hypermoral und Hyperfaktizität, der das Scharnier vieler diskurszersetzender Narrative ist. Wer mit dem Finger auf den politischen Gegner zeigt, seinen Populismusvorwurf mit »Fake« oder »Hate« garniert und »Haltet den Dieb!« ruft, lenkt damit zugleich vom hypermoralischen und hyperfaktischen Arrangement der eigenen Realitätskonstruktion ab. Die in Deutschland seit

Anfang 2018 gesetzlich vorgeschriebene Verfolgung und Ahndung der sogenannten Hassrede im Netz lässt sich als sprachpolitische Maßnahme verstehen, die den hypermoralischen Quellcode der herrschenden Narrative vor Angriffen schützen und seinen Geltungsbereich auch in einer diversifizierten Öffentlichkeit absichern soll.

Auch unter der Dominanz moralisierender Narrative spielen Strategien der sprachlichen Anonymisierung eine wichtige Rolle. Die Funktionen sind komplementär: So wie das dem eigenen Narrativ Förderliche durch Personalisierung ins Rampenlicht gestellt wird, lassen sich unerwünschte Aspekte durch gezielte Depersonalisierung ausblenden. In einer narrativ überinstrumentierten Umgebung macht der Storyentzug unsichtbar. Wer keine eigene Geschichte hat, verschwindet im toten Winkel der Wahrnehmung, so das Kalkül. Mit dem narrativen Potenzial schwinden empathische Anknüpfungspunkte. Dieser Mechanismus greift, wenn etwa den Opfern islamistischer Anschläge oder migrantischer Gewalttaten die Geschichte verweigert wird, die man anderen im Übermaß zugesteht. Er entspricht der asymmetrischen Emotionalisierung derjenigen, die einerseits von einem nur gefühlten Sicherheitsverlust sprechen und auf die Objektivität der Statistik verweisen, andererseits alle Register der Gefühligkeit ziehen, um der gewünschten Deutung zum Durchbruch zu verhelfen. Bei den von Migranten begangenen Morden an Maria, Mia, Mireille, Susanna und anderen ging dieses Kalkül nicht auf, wodurch die herrschende Deutung augenblicklich in Gefahr geriet. Die Neutralisierung zum Einzelfall scheiterte, weil die Geschichte der Opfer persönliche Konturen gewann und in der Öffentlichkeit sich nicht mehr unterdrücken ließ. In der Folge kehrte sich das narrative Prinzip gegen das Willkommensnarrativ. Umgekehrt geriet der Fall des achtjährigen Jungen, der im Juli 2019 im Frankfurter Hauptbahnhof von einem Eritreer vor den einfahrenden ICE gestoßen und getötet wurde, auch deshalb vergleichsweise schnell in den Hintergrund der öffentlichen Aufmerksamkeit, weil nach der Tat weder von ihm noch von seiner ebenfalls auf die Gleise gestoßenen Mutter Name, Foto oder biografische Details publik wurden. Da der Öffentlichkeit narrative Kristallisationspunkte vorenthalten wurden – gleichviel, ob auf Wunsch der Familie oder der Behörden –, blieb das Ereignis trotz seiner Unvergleichlichkeit ein *Fall*, was die Aufmerksamkeitsspanne begrenzte und die Empathie schmälerte.

HALTUNG SCHLÄGT LOGIK

Das wohl bündigste »Making-of« hypermoralischer Narrative lieferte das »Framing-Manual« der Linguistin Elisabeth Wehling. In der Mainstreampresse wurde die Sprachanleitung auch außerhalb der Feuilletons und Medienseiten breit und durchaus hitzig diskutiert. Schon bald zeigte sich jedoch, dass es naiv wäre, vom Empörungsgrad der Debatte auf ein geschärftes Problembewusstsein zu schließen. Ähnlich wie im dargestellten Fall des *Spiegel*-Journalisten Claas Relotius erschien das Problem als Betriebsunfall, gegen dessen Wiederholung leicht Vorkehrungen zu treffen sind. Personalisierung und Skandalisierung des Falls trugen dazu bei, das strukturelle Problem einer durchgängigen semantischen Steuerung der öffentlichen Debatte zu verdecken.

Wehlings Handreichung legt die vollständige Rezeptur der narrativen Moralisierung offen. »Wenn Sie Ihren Mitbürgern die Aufgaben und Ziele der ARD begreifbar machen und sie gegen die orchestrierten Angriffe von Gegnern verteidigen wollen«, heißt es dort, »dann sollte Ihre Kommunikation nicht in Form reiner Faktenargumente daherkommen, sondern *immer* auf moralische Frames aufgebaut sein, die jenen Fakten, die Sie als wichtig erachten, Dringlichkeit verleihen und sie aus Ihrer Sicht – nicht jener der Gegner – interpretieren.«[104] Weil Gesinnung Empirie schlägt, ist »moralische Kohärenz«[105] ungleich wichtiger als argumentative. Personalisierung, anekdotische Aufbereitung und erzählerischer Gestus sorgen für die lebensweltliche Anbindung des moralisierenden Narrativs. Deshalb empfiehlt das Gutachten, »ganz alltägliche Geschichten« zu nutzen, »um Ihre Fakten und Gegebenheiten rund um ein Thema greifbar zu machen«.[106] Die Sprachanleitung ist nicht um Beispiele verlegen, woran ein solches Storytelling anknüpfen könnte: »*Benennen* Sie die Stammtische, die Omas, die Kinder und Cousinen. *Benennen* Sie die Lieblingssendungen Ihrer Eltern. *Sagen* Sie, dass Sie mit der Sendung mit der Maus und dem Sandmännchen aufgewachsen sind.«[107]

Wehlings Strategie schlägt aus der Moralisierung doppelten Profit. Ihre semantische Ökonomie des Werts beruht auf der Äquivalenz zwischen der Aufwertung des eigenen Klienten und der Abwertung seines Widerparts. Die Rückseite der moralischen Überhöhung des öffentlich-rechtlichen Rundfunks ist die Diskreditierung und Delegitimierung sowohl seiner Kritiker als auch der privatwirtschaftlichen Medienkonkurrenz. Aus der Binarität der moralischen Zuschreibung ergibt sich die Abwertung fast von selbst und bedarf also keines großen rhetorischen und denunziatorischen Aufwands mehr: »Einige Mitglieder unserer Gesellschaft halten sich nicht an unsere *generationenverbindende, demokratische Entscheidung* zum gemeinsamen, freien Rundfunk ARD. Sie *stellen damit die Verbindlichkeit demokratischer Entscheidungen infrage*, sie verhalten sich *demokratiefern.*«[108] Formulierungen wie diese zeigen, dass alles, was Wehling auf dem vergleichsweise engen Feld des öffentlich-rechtlichen Rundfunks exerziert, mühelos auf den großen Maßstab übertragbar ist und dort vermutlich längst praktiziert wird. Bestürzend ist, dass die Enthüllung dieser Methoden und das hochgradig Entlarvende der sprachpolitischen Empfehlungen, die in Slogans wie »Kontrollierte Demokratie statt jeder wie er will«[109] münden, niemanden davon abhalten werden, sie weiterhin in großem Stil anzuwenden.

Es ist unübersehbar, dass die ARD in ihrer Berichterstattung schon lange – und unabhängig vom »Framing-Manual« – das beherzigt, was Wehling für das Marketing fordert. Die *Tagesschau* folge »ihrem tradierten Leitbild des moralischen Belehrungsjournalismus«,[110] hält Michael Haller in Bezug auf die Darstellung des Migrationspakts fest. Patrick Gensing, Online-Redakteur der *Tagesschau* und leitender »Faktenfinder«, bestätigt diesen Befund. »Ich bin ein großer Freund von Journalismus mit Haltung, weil ich mich daran viel besser abarbeiten kann«, sagt er 2015 im Interview mit einem Medienmagazin. »Ich glaube, dass man die Leute eher gewinnen kann, wenn im Journalismus eine Haltung vertreten wird, als wenn da irgendwie einfach nur Fakten angehäuft werden.«[111]

Das Wahrheitssystem hypermoralischer Narrative kapselt sich nicht nur von der Empirie ab, sondern begibt sich auch auf eine vortheoretische Ebene, in der moralische und ästhetische, genauer:

haltungsästhetische Maßstäbe gelten. Es ist eine Sphäre, in der buchstäblich nicht sein kann, was nicht sein darf, und in der wahr ist, was wünschenswert wäre. Der narrativ oder szenisch beglaubigten und noch dazu moralisch qualifizierten Einsicht ist argumentativ nicht beizukommen. Sie ist keine These, die negierbar oder auch nur überprüfbar wäre, so wie auch eine Fiktion weder verifiziert noch falsifiziert werden kann. Solche Wahrheitssysteme befreien sich von allen Begründungsverpflichtungen und Gepflogenheiten einer Theorie, ohne den Wahrheitsanspruch preiszugeben. Sie erhalten diesen nicht nur aufrecht, sondern übertrumpfen ihn.

KLIMANARRATIV UND GRÜNES MYTHENMANAGEMENT

Die Debatte um den Klimawandel ist ein weiterer Prototyp für die narrative Überformung des Diskurses. Die mythische Anlage zeigt sich bereits in der Unbegrifflichkeit und Terminologieresistenz des Vokabulars. Ein »Klima«, das geschützt und gerettet werden kann, nimmt trotz des grammatischen Neutrums personale Züge an und bahnt eine schrankenlose Moralisierung an. Bereits in dieser Setzung sind Denkzwänge angelegt, die eine Rückkehr in die Sphäre des Begriffs nahezu ausschließen. Metonymische Reduktion und Allegorisierung erzeugen eine Melange aus Begriffen und quasipersonalen Wesenheiten, die an antike Kosmogonien erinnert, in denen Gottheiten, die von ihnen bewohnten Elemente und erste begriffliche Abstraktionen ineinander übergehen und zerfließen. Das allegorisierte und mit kreatürlicher Verletzlichkeit ausgestattete Klima ist kein Begriff, sondern steht auf einer Stufe mit mythischen Figuren wie Gaia, Uranos oder Okeanos. Auch Kohlendioxid, das Menschen und Tiere ausatmen, das ein natürlicher Bestandteil der Atmosphäre und Ausgangssubstanz der Photosynthese ist, wird zum »Treibhausgas« metaphorisiert und als Übeltäter, gar »Klimakiller« dämonisiert.

Eine Metapher wie »Treibhauseffekt« enthält bereits *in nuce* den Plot der vom Menschen nicht nur verursachten, sondern verschuldeten Überhitzung mit den bekannten apokalyptischen Folgen. In archetypischen Rollenzuschreibungen und Motiven fächert sich das Narrativ auf: Wissenschaftler übernehmen wahlweise die Rolle des weisen Mentors oder, an der Seite der »Klimaaktivisten«, den Part des Helden, der den Kampf gegen die Mächte der Finsternis aufnimmt. Letztere werden durch eine verantwortungslose Industrie, ignorante Regierungen oder die globalen Raubbau betreibende westliche Zivilisation verkörpert. Die Entwicklungsländer und insbesondere die vom Anstieg des Meeresspiegels bedrohten Inselstaaten besetzen die Opferrolle, die wahlweise auch das personal gedachte Klima selbst übernimmt. Das Zwei-Grad-Ziel ist in dieser an die Heldenreise gemahnenden Konstruktion die »Schwelle«, das rettende »Elixier« ist die dekarbonisierte Energiegewinnung. Als metaphorischer Fond wirkt die Urerzählung der Sintflut. Sie stellt das Geschehen in einen Zusammenhang von menschlicher Verfehlung, Hybris, metaphysischer Schuld und Gottesstrafe.

Hans Blumenberg hat nachgezeichnet, wie Mythen dabei behilflich waren, den bedrohlichen »Absolutismus der Wirklichkeit«, der den frühen Menschen ungefiltert gegenübertrat, zu regulieren und zu bewältigen. Übermächtiges wird mit Namen belegt, in Geschichten verwickelt und in einen Modus der Umgänglichkeit gezwungen. *Das* Andere wird *der* Andere und bekommt ein Gesicht, eine Physiognomie, einen Charakter. »Auf einen Satz gebracht: Die Welt verliert an Ungeheuern«[112], charakterisiert Blumenberg die entlastende Funktion dieser Verbildlichung und dieses Erzählens. Die Welt »wird in einem zunächst gar nicht ethischen, eher physiognomischen Sinne ›freundlicher‹. Sie nähert sich dem Bedürfnis des dem Mythos zuhörenden Menschen an, in der Welt heimisch zu sein.«[113]

So wie mit Geschichten schon lange Politik und Geschichte gemacht wird, so ist die Geschichtswerdung des Mythos kein offener, eigendynamischer Prozess mehr, der einzig der kulturellen Selektion unterliegt. Auch außerhalb von Kulturindustrie und Marketing wird die Produktion mythischer und quasimythischer Bedeutsamkeit bewusst geplant, gesteuert und arbeitsteilig organisiert. Wo es Regierungsabteilungen für »Nudging« gibt, ist davon auszugehen, dass auch die »Arbeit am Mythos« unter Regie genommen wird. »Die neuen politischen Mythen wachsen nicht frei auf; sie sind keine wilden Früchte einer üppigen Einbildungskraft. Sie sind künstliche Dinge, von sehr geschickten und schlauen Handwerkern erzeugt.«[114] Dies schrieb der Philosoph Ernst Cassirer in seinem letzten Buch, das er 1945 kurz vor seinem Tod und unter dem Eindruck der überbordenden Mythenproduktion des NS-Staats abschloss. Für Cassirer stand bereits das 20. Jahrhundert im Zeichen einer Technisierung des Mythos. Er prognostizierte: »Künftig können Mythen im selben Sinne und nach denselben Methoden erzeugt werden, wie jede andere moderne Waffe – wie Maschinengewehre und Aeroplane.«[115]

Die ganzheitliche Struktur und der planetarische Maßstab des Klimanarrativs sind wie geschaffen dafür, andere, konkurrierende Endzeit- und Untergangsszenarien in den Hintergrund zu drängen. Es kann, zumindest in einer Zeit, nur einmal um alles gehen. Die Klimakatastrophe duldet keine anderen Katastrophen neben sich. Der Erzählung eignet eine apokalyptische Unüberbietbarkeit, was sie so attraktiv und effektiv für das ›Agenda Setting‹ macht. Mit medialer Unterstützung lässt sich das Narrativ jederzeit so aktivieren und akzentuieren, dass alle anderen globalen Großprobleme dahinter verblassen. Dies gilt insbesondere für die Bedrohungen und Gefahren, die selbst narrativ unergiebig sind und sich schon deshalb der öffentlichen Aufmerksamkeit entziehen, weil sie keine Gesichter und Geschichten, kein Schicksal aufzubieten haben. Diese Steuerungsfunktion bewährte sich beispielsweise, als die narrative Gestaltung der Migration als Abenteuer der Bereicherung zu misslingen und das Scheitern die Szene zu beherrschen drohte. Wann immer das Deutungsregime in Gefahr ist, springt das Klima als *Deus ex machina* ein. Wie effektiv dieses Themenmanagement ist, erwies sich 2019 im Vorfeld der Wahlen zum Europäischen Parlament, als der Klimawandel – von den Mainstreammedien und einer vorgeblich alternativen YouTube-Szene gleichzeitig und mit ähnlichem Tenor befeuert – den Wahlkampf in Deutschland dominierte, wovon ausschließlich die Grünen profitierten.

Der durchschlagende Erfolg des Narrativs verdankt sich indes nicht nur seiner beispiellosen medialen Präsenz, sondern auch seiner Binnenstruktur und psychologischen Anlage. Der Klimaalarmismus ist ein besonders subtiler Eskapismus. Nicht nur massen-, auch individualpsychologisch leistet die apokalyptische Ausschließlichkeit des Narrativs der Verdrängung aller anderen gesellschaftlichen Fehlentwicklungen und Gefahren – einschließlich der ökologischen – Vorschub. Gerade in der fortwährenden Betonung äußerster Dringlichkeit ist das Klimanarrativ eine Schule des Ausblendens und Wegsehens, eine Anleitung und Legitimation der Ignoranz, wie das Beispiel der Kommunen zeigt, die mit der Ausrufung des »Klimanotstands« von Haushaltslöchern und maroden Schulen ablenken.

Die narrative Konstruktion, Personalisierung und Moralisierung machen in ihrem Zusammenspiel blind für die Wahrnehmung komplexer Kausalverhältnisse und Korrelationen. In einer Erzählung sind die Handlungen auf eine Weise verflochten und motiviert, die nicht in Kategorien von Ursache und Wirkung oder systemischer Abhängigkeit und Wechselwirkung objektivierbar ist. Die hypermoralische Aufladung mit Begriffen und Deutungen schuldhafter Verstrickung tut ein Übriges, den Blick für empirische Kausalitäten und Korrelationen zu verstellen. Derart vorgeprägt, nimmt das Publikum ausschließlich eine moralgrundierte, schuldbeladene Hyperkausalität als ursächlich wahr – vor allem dann, wenn als Schuldige diejenigen ausgemacht werden können, die ohnehin auf die Schurkenrolle abonniert sind. Diese kausalitätsblinde Konditionierung ist ein Grund dafür, dass auch auf ökologischem Gebiet, das doch im Blickpunkt stehen sollte, Zusammenhänge wie die zwischen Bevölkerungswachstum und Ressourcenverknappung vollständig ausgeblendet werden.

Die Grünen haben die Infantilisierung des hypermoralischen Narrativs weiter vorangetrieben. Von dessen holzschnittartiger Ausführung auf mangelndes Verständnis und Raffinement zu schließen, wäre verfehlt. Vielmehr deutet die plakative, massenwirksame Ausgestaltung auf eine meisterliche Beherrschung des motivischen Repertoires hin. Erfolgsrezept der Grünen ist eine Mischung aus hochflexiblem Mythenmanagement, religiösem Synkretismus, einer fein austarierten Schuldökonomie und alternativem Lifestyle. »Es gibt faktisch keine Politik vor und jenseits der Sprache«, schreibt Robert Habeck in einem sprachpolitischen Brevier. »Wie in der Politik etwas gesagt wird, entscheidet, was in der Politik gedacht und gemacht wird.«[116] Vielleicht ist es kein Zufall, dass der Bundesvorsitzende der Grünen sich vor seiner Parteikarriere nicht nur als Literaturwissenschaftler, sondern auch als Kinderbuchautor hervortat. Die grünen Mythen bedienen ein narratives Kindchenschema und eine verbreitete Regressionssehnsucht. Sie sind die kollektive Verweigerung einer erwachsenen Moral und Rationalität.[117] Zugleich docken sie mühelos an die Esoterikszene mit ihren zahlreichen Angeboten zur metaphysischen Selbstoptimierung an, der es noch im Kleinsten und Abseitigsten um alles geht. Die klimaneutrale Kosmetikverpackung, der ökologisch korrekte Smoothie und das vegane Dönerrezept enthalten das Versprechen, aus schuldhafter Verstrickung zu befreien.

Die grünen Mythen sind als unvollendetes Projekt angelegt. Sie laden das Publikum ein, an der rettenden Mission der Heroen teilzunehmen oder teilzuhaben, beispielsweise als der Hambacher Forst, der in einer Art kindlichem Animismus »Hambi« genannt wird, im Herbst 2018 zum Armageddon, zum Schauplatz der endzeitlichen Entscheidungsschlacht wurde. Nicht die übermächtige, unbeherrschbare Natur ist der Abgrund der Finsternis; es sind die Mächte der Naturbeherrschung aus Technik, Industrie und Ökonomie, letztlich das Verhängnis der okzidentalen Zivilisation. Mit dem alten, weißen, westlichen Mann ist zudem eine plastische und als Universalschlüssel verwendbare Personifikation des Übels und der Verworfenheit zur Hand. Mit solchen narrativen Mustern gelingt es Klimabewegten und Grünen, die eigene Rolle als Hohepriester oder Heilsbringer zu monopolisieren. Mit der Gefahr beschwören sie immer auch das Rettende herauf, das sie selbst zu sein beanspruchen und für sich vereinnahmen.

GRETAS HELDENFAHRTEN

Die bislang erfolgreichste und wirkmächtigste Protagonistin des hypermoralischen Narrativs ist die schwedische Schülerin und Klimaaktivistin Greta Thunberg, die seit 2018 mit ihrem »Schulstreik für das Klima« wachsende mediale Beachtung fand, eine globale Protestbewegung ins Leben rief und fortan die politische Agenda auch in

Deutschland und anderen europäischen Ländern bestimmte. Ihre Mission der Klima- und Weltrettung entspricht nicht nur den infantilen Erwartungsdispositionen, sondern auch dem narrativen Schema der Heldenfahrt. Die Frage, inwieweit die Jugendliche bei ihren Aktionen von NGOs und PR-Agenten gesteuert wird, ist demgegenüber sekundär. Wenn es Greta nicht gäbe, müsste man sie auch nicht mehr erfinden, weil sie ohne großen Aufwand aus dem monomythischen Bauplan konstruierbar wäre. Das Skript, dem ihre Aktionen folgen, ist jahrtausendealt und hat sich vielfach affekt- und aufmerksamkeitsökonomisch bewährt. Die Plots zahlreicher Filmerfolge von *Star Wars* über *Indiana Jones* bis *Der König der Löwen* basieren auf diesem Muster. Hollywood-Helden wie Luke Skywalker tragen die Gene des Iason, Aeneas, Herakles, Moses oder Buddha in sich. Der Getränkehersteller und Medienkonzern Red Bull inszenierte 2012 den Stratosphärensprung des Extremsportlers Felix Baumgartner als mythische Heldenfahrt und kreierte so die bis dahin reichweitenstärkste Marketingaktion der Geschichte.[118] Mit Greta wurde dieses Konzept in großem Stil und globalem Maßstab auf die Politik übertragen. Es handelt sich um eine Geschichte von Aufbruch, Initiation und Sendung, die zahlreiche Elemente des Monomythos mit dem Klimanarrativ amalgamiert. Dass Greta in maßloser Sakralisierung mit den biblischen Propheten und sogar mit Jesus Christus verglichen wurde, liegt ganz auf der Linie dieser Deutung, denn auch Jesus und die Propheten tragen die von Joseph Campbell herauspräparierten Züge des Heros.

Am Ende ihrer Kindheit, deren Unschuld sie endlos zu konservieren scheint, entdeckt Greta nicht nur ihr wahres Selbst, sondern wird auch ihrer weltgeschichtlichen Mission gewahr. »Gedanken schwirren durch den Raum«, schreiben Gretas Eltern in ihrer Familienautobiografie, »Gedanken daran, dass das fast unsichtbare Mädchen auf dem Stuhl am Fenster sich dazu entschieden hat, ins Rampenlicht zu treten, ganz allein, mit eigenen Worten und Gedanken, um die Grundfesten der gegenwärtigen Weltordnung zu hinterfragen ...«[119] Vor diesem Entschluss größter Tragweite hat »das vom Schicksal ausersehene Kind« wie viele Heroen der alten Mythen, Religionen und Legenden »durch eine lange Periode der Finsternis hindurchzugehen, eine Zeit äußerster Gefahr, Behinderung oder Mißachtung«.[120] Greta wird in der Schule gemobbt, leidet unter Depressionen, schweren Angst- und Essstörungen. Sie verweigert die Nahrungsaufnahme und verliert trotz ihrer ohnehin schon zierlichen Gestalt zehn Kilogramm Körpergewicht. Schließlich wird bei ihr das Asperger-Syndrom, eine Form des Autismus, diagnostiziert. Auch die Überwindung der persönlichen Krise, die in der Autobiografie an vielen Stellen mit der Weltlage verschränkt und kurzgeschlossen wird, und die weiteren Wegmarken entsprechen Campbells Charakteristik: Greta bricht auf und verlässt die gewohnte Welt, indem sie 2018 am ersten Tag nach den Schulferien und unter dem Eindruck des heißen und trockenen Sommers ihren »Streik« beginnt. Statt den Unterricht zu besuchen, stellt sie sich mit einem Protestschild vor den Schwedischen Reichstag und fordert eine sofortige und radikale Wende in der Klimapolitik. Bald schließen sich ihrem »Klimastreik«, den sie dem Anschein nach auf eigene Faust beginnt, tausende, zehntausende Schülerinnen und Schüler zunächst in Schweden, dann auch in anderen europäischen Ländern und schließlich weltweit an. Sie macht sich auf zur UN-Klimakonferenz nach Kattowitz und zum Weltwirtschaftsforum nach Davos, ins Herz der Finsternis, wo sie den Mächtigen aus Politik, Ökonomie und Hochfinanz die Stirn bietet.

Das bewährte monomythische Schema wird vielfach bedient. Wenn es ausgereizt erscheint, geht es zurück auf Start: Im August 2019 bricht Greta in Begleitung ihres Vaters von Plymouth in Großbritannien aus auf, um mit einer emissionsfreien Hochseeyacht nach New York zu segeln, wo sie am Klimagipfel der Vereinten Nationen teilnimmt. Aus rationaler Sicht ist diese Atlantiküberquerung, die zwei Wochen beansprucht und trotz der Hightech-Ausrüstung und professioneller Skipper nicht ungefährlich ist, keine Alternative zu einer Flugreise. Sie ist geradezu der schlagende Beweis und die sinnfällige Demonstration der Unverzichtbarkeit des Verkehrsmittels Flugzeug auf dieser Route. Auf der symbolisch-narrativen Ebene hingegen ist der so gestaltete Aufbruch in die Domäne des obersten und finstersten Klimaleugners, Donald Trump, stimmig und evident, weil er die Rezeptionserwartungen des Publikums und der Anhänger erfüllt.

Die umständliche Vermeidung des CO_2-Fußabdrucks lässt sich als abenteuerliche Entdeckung der Langsamkeit inszenieren. Die Unkalkulierbarkeit der Seereise ist das epische Prinzip *par excellence*, und jede Widrigkeit auf der Fahrt wird zu Skylla und Charybdis. »Die Reise symbolisiert zwei Dinge: Dass es nicht einfach ist, fossile Brennstoffe zu ersetzen, und dass das Meistern dieser Herausforderung ein großartiges Abenteuer sein kann.«[121] Mit dieser Charakterisierung ruft Skipper Boris Herrmann nicht nur Topoi der Heldenfahrt auf, sondern stellt das Unternehmen der klimaneutralen Atlantiküberquerung zugleich auf eine metaphorische, hyperfaktische Ebene, auf der Nachrechnen der tatsächlichen CO_2-Bilanz als Erbsenzählerei erscheint.

Der »Schulstreik für das Klima« ist ein sozialer Mythos, der dem Konzept, das Georges Sorel in seinen 1908 veröffentlichten *Réflexions sur la violence* entwickelt, zumindest sehr nahekommt. Der Mythos, sagt Sorel, »färbt […] alle Einzelheiten der sich dem Bewußtsein darbietenden Gestaltung mit einem hochgespannten Leben«.[122] Er verleiht einer sozialen Bewegung nicht nur bildmächtigen Ausdruck, sondern formt und kanalisiert auch den kollektiven Willen, der die Bewegung trägt und vorantreibt. Das Modell eines die Massen mobilisierenden Mythos ist für Sorel der Generalstreik der Arbeiterbewegung. Blumenberg sieht im sozialen Mythos nur das äußerste Minimum, die Schwundstufe des Mythischen und spricht ihm eine narrative Struktur ab: »Es wird keine Geschichte mehr erzählt, sondern nur ein Hintergrund von Wünschen, von Ablehnung, von Machtwillen berührt.«[123] Dies unterscheidet den Dezisionismus des Generalstreiks vom Klimastreik, der mit Gretas Geschichte und archetypischen Mustern des Erzählens untrennbar verwoben ist. Der Machtwille der Bewegung wird mit narrativen Mitteln durchgesetzt und zugleich kaschiert.

»Greta gehört zu den wenigen, die unsere Kohlendioxide mit bloßem Auge erkennen können«[124], heißt es in der szenischen Familienchronik, die den Wahnsinn märchenhaft verklärt und als tiefere Einsicht zur Geltung bringt. In der Prosa des Wunderbaren wird die Halluzination zur Wesensschau, die nur Eingeweihten zuteilwird. Als »Gestalt von außergewöhnlichen Gaben«[125] beschreibt Campbell den Heros, der geehrt, aber zugleich auch missachtet oder verachtet werde. Greta betrachtet die ablehnende Haltung ihrer Widersacher als Bestätigung ihres Wegs. So wie die autistische Erkrankung zum Erkenntnisprivileg wird,[126] werden alle Widrigkeiten zum Zeichen ihrer Sendung, bestärken alle Fährnisse und Rückschläge sie in ihrer Mission der Weltrettung. Gretas Heldenreise überschreitet den begrenzten, meist auf das Häusliche beschränkten Aktionsradius des Märchens bei weitem, transzendiert ihn ins Makrokosmische. Märchen- wie Mythenhelden machen sich auf, die Welt von einem Übel zu befreien, wie Campbell ausführt: »Im Märchen kann dieser Mangel so geringfügig sein wie das Fehlen eines bestimmten goldenen Rings, während in apokalyptischen Visionen die gesamte körperliche und geistige Welt als verheert oder der Verheerung bestimmt erscheint.«[127]

Der eschatologischen Zuspitzung steht eine fast schon respektlose Verniedlichung, ein brachiales Diminutiv gegenüber, das in Parolen wie »Wer nicht hüpft, der ist für Kohle« oder »Make the world cool again« der mit Greta demonstrierenden Schüler zum Ausdruck kommt. Greta konnte eine globale Bewegung in Gang setzen, weil ihr heiliger Ernst diese Verballhornung zumindest zulässt.

Selbst die Bewegung Extinction Rebellion, die sich als kollektiver Aufstand gegen das Aussterben der menschlichen Gattung inszeniert und den Alarmismus der Greta-Anhänger noch überbietet, teilt diese Ambivalenz. Ihre Demonstrationen sind eine Mischung aus *danse macabre*, satanischem Ritual, Happening und Ausdruckstanz auf Volkshochschulniveau. Neben dem sektiererischen Zug ist der Eventcharakter der Apokalypse in allen öffentlichen Auftritten unverkennbar. Hochgradig ambivalent ist auch die narrative Aufbereitung der Klimathematik selbst, wobei diese Zwei- und Mehrdeutigkeit nicht als Mangel oder Schwäche, sondern als Element der Bewältigungsstrategie zu verstehen ist. Einerseits erhält die Gefahr planetarische, ja kosmische Dimensionen. Ein Zweifel daran, dass der Klimawandel die größte Bedrohung der Menschheits- und Erdgeschichte darstellt, ist nicht gestattet. Diese Dimensionierung hat den Vorteil, dass alle anderen Gefahren verblassen. Man kann sie guten Gewissens vernachlässigen oder ganz ignorieren. Außerdem wächst proportional zur Bedrohung auch die Bedeutung dessen, der sich anschickt, die Welt von diesem Übel zu befreien. Andererseits enthält das Klimanarrativ viele Signale, die – der entlastenden Funktion des Mythos entsprechend, die Blumenberg herausarbeitet – auf eine Depotenzierung der Gefahr hindeuten. Diese beginnt schon darin, dass das Klima, als Inbegriff einer in einfachen Kausalverhältnissen kaum zu erfassenden systemischen Komplexität, personale Züge annimmt. Elisabeth Wehling weist darauf hin, dass der Begriff »Klimawandel« zu neutral, die Semantik der »Erderwärmung« zu positiv konnotiert, buchstäblich zu herzerwärmend[128] sei, um das epochale Ausmaß der Katastrophe und die Notwendigkeit einer radikalen Umkehr zum Ausdruck zu bringen. Dabei übersieht sie, dass diese euphemistische Tendenz, welche die Verwüstungs- und Sintflutszenarien – die das Narrativ ja auch evoziert – zu konterkarieren scheint, einem verbreiteten Bedürfnis entgegenkommt. Der 2018 lancierte Begriff »Heißzeit« etablierte sich nicht, obwohl man ihn zum Wort des Jahres kürte. Und als viele Medien dazu übergingen, von »Klimakrise« zu sprechen, zahlreiche Städte gar den »Klimanotstand« ausriefen, wirkte dies wie eine künstliche Temperierung. Die Semantik des Klimas samt apokalyptischer Rhetorik wurde mit einer Thermostatfunktion versehen. Diese erlaubt es, die Debatte wie auf Knopfdruck in Gang zu setzen und den gewünschten Erhitzungsgrad zu justieren. Auch das EU-Parlament rief im November 2019 den »Klimanotstand« aus, wollte die Resolution aber zugleich als symbolischen Akt verstanden wissen. Solche Routinen der Hysterie machen das Außerordentliche zur Regel. Sie eignen sich zur psychosemantischen und neurolinguistischen Anbahnung besonderer, vorher undenkbarer Maßnahmen. Das können erhebliche finanzielle Einschnitte, demokratisch nicht legitimierte Vollmachten der Exekutive oder die Suspendierung von Freiheitsrechten sein.

»I want you to panic«[129], sagte Greta Thunberg im Januar 2019 in ihrer Davoser Rede. Das Klimanarrativ muss den archaischen Schrecken, den es zu verarbeiten oder zumindest auf Distanz zu halten verspricht, eigenmächtig erzeugen und reproduzieren. Es ist die Reaktion auf eine Furcht, die es selbst fortwährend provoziert und nährt. Wieder und wieder führt es in die mythische Ausgangssituation zurück, die es zu überwinden vorgibt. Dies erklärt den eigentümlichen Kontrast zwischen Alarmismus und Banalität, Hysterie und Trivialität. »Our house is on fire«[130], eröffnete Greta ihre Rede. Diese Metapher mit dem Anspruch auf wörtliche Geltung findet sich bereits in einem Strategiepapier der Initiative The Climate Mobilization aus dem Jahr 2016, in dem aufgezeigt wird, wie sich die Öffentlichkeit in einen »Notfall-Modus« (»Emergency Mode«[131]) versetzen und für die Ziele der Klimarettung mobilisieren lässt. Der Mythos ist eine Organisationsform der Angst.[132] Deshalb bleibt auch Greta nicht durchweg im Panikmodus. Wortreich das Unnennbare beschwörend und bannend, setzt sie eine mythische Kreislaufwirtschaft als Angstverwertung und -recycling in Gang. Auch der Gebrauch der Metapher bleibt ambivalent: Das Feuer ist die extreme Hyperbel des Erwärmungs- und Erhitzungsszenarios, das aber zugleich vom planetarischen auf den häuslichen Maßstab herunterskaliert wird. Der künstliche und bei wechselnden, teils belanglosen Anlässen mobilisierte Alarmismus befördert eine Begriffs- und Gefühlsinflation. Der Notstand nutzt sich ab wie die Superlative der Werbung. Wenn die Not real wird, fehlen Worte und Empfindungen dafür. Aber vermutlich wird diese Entwertung des Ausdrucksvermögens nicht nur in Kauf genommen, sondern bewusst vorangetrieben.

Im Klimanarrativ wird indes nicht nur die Angst, sondern auch die Schuld bewirtschaftet. Man kann die symbolische Bewältigungspraxis als säkularisiertes Bußritual oder zivilreligiöse Variante des Ablasshandels verstehen, der mit der sogenannten CO_2-Bepreisung institutionalisiert wird. Aber auch eine mythische Interpretation drängt sich auf: Der Umgang mit dem Klimaproblem und die Versuche seiner psychopolitischen Bewältigung erinnern an die List des Titanen Prometheus, der den höchsten Gott Zeus beim Opfermahl mit einem aus Knochen, Haut und Sehnen drapierten Rest des Tiers betrügt. Dieser Opferbetrug, den Prometheus den Menschen vorlebt, lässt sich mitsamt seiner hintergründigen Mechanik der Stellvertretung und Substitution in die Entstehungsgeschichte des Symbols einreihen. Der Vorteil des symbolischen Opfers liegt auf der Hand: Es schmerzt wenig und erlaubt bei aller zur Schau gestellten Umkehr eine fast nahtlose Fortsetzung des gewohnten Lebensstils, etwa wenn man den Diesel-SUV gegen einen Geländewagen mit Elektroantrieb austauscht, der zudem noch mit einer Kaufprämie subventioniert wird. Die Politiker, die im Opferritual die Priesterrolle einnehmen, begeben sich im symbolischen Akt in eine überaus komfortable Position, die schnöden Kausalverhältnissen weit entrückt ist. Die Maßnahmen gegen die Erderwärmung müssen ihre reale Wirksamkeit zu keiner Zeit unter Beweis stellen. Gleichzeitig unternimmt die politische Priesterkaste alles, um aus der Symbolökonomie des Opfers handfesten Profit zu schlagen. In ihrem moralischen Hochgefühl entrichtet die Gemeinde des Klimakults die nun auch sehr realen Kosten gerne und verlangt sogar nach mehr. Nach dem Erfolg dieses Rituals, das den unschätzbaren Vorteil hat, an keiner Realität scheitern zu können, dürfte die Versuchung groß sein, weitere Steuer- und Abgabenerhöhung zu notwendigen Klimaopfern umzudeuten.

Am Ende der Heldenfahrt vereinnahmen die Mächte, zu deren Bezwingung und Überwindung Greta aufgebrochen war, die von ihr ins Leben gerufene Bewegung für die eigenen Ziele. Die deutsche Bundesregierung veröffentlichte die Eckpunkte ihres sogenannten Klimapakets, das dem Fiskus neue, unverhoffte Einnahmequellen erschloss, nicht zufällig am selben Tag, an dem die Bewegung Fridays for Future zu der bis dahin größten Demonstration aufbrach. Der Mythos, der eine oppositionelle Selbstdeutung mit einer letztlich affirmativen Agenda verbindet, ist anschlussfähig und flexibel genug, diese Vereinnahmung zuzulassen. Er verleiht einem konformistischen Rebellionsersatz das Air von Abenteuer und Heroismus.

RÜCKKEHR DER »GROSSEN ERZÄHLUNGEN«

Das Klimanarrativ dockt an die globalistische Antitopik an, der es zusätzliche Plausibilität verleiht. Es bleibt niemals unerwähnt, dass sich das Klima nicht um Grenzen schert und der Klimawandel eines der Probleme ist, die sich unmöglich im nationalstaatlichen Rahmen lösen lassen. Zugleich zerstreut das Narrativ den Eindruck des Abweisenden, Kalten, Sterilen, den die horizontlose Perspektive notwendig hinterlässt. Es lässt die Ortlosigkeit wohnlich erscheinen und fungiert als Identitätsersatz. Im Verbund mit einer forcierten Personalisierung und Moralisierung entwickelt dieses Erzählen einen antiinstitutionellen Sog, stiftet dabei aber zugleich Zonen der Übersichtlich- und Umgänglichkeit, die entlastend wirken und damit eine institutionelle oder quasiinstitutionelle Funktion erfüllen. Es gelingt ihm, den Mangel, den es selbst erzeugt, zumindest partiell zu kompensieren. Die Dörflichkeit des Globalen ist ein Mythos, in dem man sich gerne einrichtet. Wo erzählt wird, dort ist man geneigt, sich niederzulassen, dort kann man zumindest für Augenblicke vergessen, dass das Überall ein Nirgendwo ist und keine Heimat bietet.

Wenn die gängige Klimatheorie als Mythos gelesen und gedeutet wird, dann ist damit ausdrücklich nicht gesagt, dass sie *nur* ein Mythos sei. Der theoretische Gehalt und seine wissenschaftliche Plausibilität werden durch diese Lektüre nicht einmal peripher berührt. Deutlich wird indes, dass dieses »nur«, aus dem ein Vorwurf mangelnder wissenschaftlicher Seriosität leicht abzuleiten wäre, nicht dem Selbstverständnis der Anhänger entspricht. Der Mythos, auf den sie aus sind, ist weder ein defizienter Modus der Erkenntnis noch deren tastender Vorgriff. Er ist nicht *weniger* als eine Theorie, sondern tritt in allen seinen Äußerungen und seiner Organisationsform als globale Bewegung mit dem Anspruch auf, *mehr* als eine solche zu sein. Wohlwollend betrachtet, könnte man in der mythischen Struktur der Theorie eine Folge überwältigender Evidenz sehen. Der Mythos wäre dann das pädagogische Programm, das einer zunächst nur Eingeweihten verständlichen, aber unbestreitbaren Erkenntnis zum öffentlichen Durchbruch verhülfe. Die Entstehung eines solchen Sendungsbewusstseins wäre zwar nachvollziehbar, aber keineswegs unproblematisch – insbesondere dort, wo aus der unabweisbaren, überwältigenden Evidenz eine Lizenz zur Überwältigung abgeleitet würde. Mit weniger Wohlwollen ließe sich der mythische Zug jedoch auch als Schwäche einer Theorie verstehen, die ihrer eigenen Plausibilität nicht traut und sich mithin als Theorie nicht genug ist. Eine solche Lesart lässt die Klimatheorie nicht nur zu, sondern provoziert sie geradezu mit ihrem Gestus der Ausschließlichkeit. Wenn einer Kritik, die auf die autoritäre Struktur hinweist, die Legitimität abgesprochen und der Kritiker als »Klimaleugner« gebrandmarkt wird, dann untermauert dieses Vorgehen den Vorwurf, den es entkräften soll.

Phänomene wie Fridays for Future und Extinction Rebellion sind in ihrer Banalität, Infantilität und psychotischen Abgründigkeit *bedeutend*, weil sie mit Bedeutsamkeit überwältigen. Geld, Organisationsgrad und Medienmacht können die Wirkung und Anziehungskraft allein nicht erklären. Die irrationale Wucht der Bewegung steht in engem Zusammenhang mit Archetypen, mythischen Referenzen und einer narrativen Struktur, an deren hypertropher Bedeutsamkeit Gründe und Begründungen zuschanden werden. »Die Selbstmythisierung fungiert unter der Bedingung, daß auch die anderen sie für sich vollziehen.«[133] Was Blumenberg über die kollektiv geteilten mythischen Verhaltensmuster und Dispositionen des Hitlerismus ausführt, lässt sich ohne große Modifikationen auf die Klimabewegung und ihr Mythenmanagement übertragen. Im kollektiven Nachvollzug nimmt die »Gegenwelt des Realismus«[134] Züge und Merkmale des Realismus an, die durch die Suggestion einer nahezu einstimmigen Wissenschaft noch verstärkt werden.

Im Klimanarrativ mündet der Mythos, der den »Absolutismus der Wirklichkeit« (Blumenberg) aufzuheben oder zumindest in seinen Wirkungen abzumildern und erträglich zu machen half, in einen neuen Rigorismus. »There are no gray areas when it comes to survival«[135], sagt Greta Thunberg. Die moralisch geadelte höhere Wahrheit, die sie für sich und die Ihren beansprucht, ist schwarzweiß. Wer auf Graustufen hinweist, ist ein Lügner. Bedeutungsoffenheit, Variabilität und polytheistische Gewaltenteilung, laut Blumenberg die Signatur der mythischen Anverwandlung einer ungeheuerlichen Welt, sind dort passé, wo eine verabsolutierte Moral und die Binarität von Gut und Böse das Regiment des Erzählens übernehmen. Es macht die Anziehungskraft des Klimamythos aus, dass er der Katastrophe den letzten Ernst, die höchste Dringlichkeit nimmt oder zumindest in ihrem Angesicht ein Weiterleben mit den gewohnten Annehmlichkeiten gestattet. Spätestens im Kampf gegen die Widersacher wechselt der Klimamythos jedoch seinen Aggregatzustand und verhärtet zur reinen Lehre. Im Abwehrmodus wird er zum »Kanon für den Ausschluß von Häresien«[136], was sich im Umgang mit den als »Klimawandelleugner« denunzierten und somit in die Nähe der »Holocaustleugner« gerückten Kritikern zeigt.

Der Soziologe Willy Viehöver, der die Narrative des Klimawandels früh analysierte, sieht in der mythischen Überhöhung kein Problem: »Eine der zentralen Leistungen des Treibhausszenarios ist dabei die Sakralisierung des Klimas als Teil der Natur mit den Mitteln der Wissenschaft, was die Treibhausnarration zu einem Mythos der reflexiven Moderne macht.«[137] Zu Ende gedacht bedeutet dies, dass der Narration ein privilegierter Erkenntnis- und Wahrheitsanspruch zugestanden und ihre Evidenz über die der Wissenschaft gestellt wird. Der »Mythos der reflexiven Moderne«, der sich als höhere Wahrheit statuiert und Wissenschaft zu einem bloßen »Mittel« degradiert, lässt keine Kontroverse mehr zu. Die Formulierung erinnert an das Hegel zugeschriebene sogenannte »älteste Systemprogramm« des deutschen Idealismus von 1796, das eine »Mythologie der Vernunft« propagiert. Auch hier begibt sich der Diskurs auf eine Ebene, die dem kleinlichen Für und Wider begründender Rede enthoben ist. Dieser neue Mythos im »Dienste der Ideen«[138], in diesem Fall des Guten, ist wahrer als wahr. Der Übertrumpfung aller Wahrheitsansprüche in der Hypermoral entspricht der Ehrgeiz, die Vernunft mythologisch zu überbieten. Die Ambition steigert sich zum Anspruch auf höhere und höchste Gewissheit. Dies bekommt schmerzlich zu spüren, wer eine Rückkehr zu einer rational geführten Debatte einfordert und beispielsweise die Art des Zusammenhangs zwischen den von Menschen verursachten Kohlendioxid-Emissionen und globalen Klimaveränderungen zum Thema machen möchte. Er liegt mit seinen theoretischen Annahmen nicht nur falsch, sondern hat sich auch moralisch disqualifiziert. Dem Verdikt »Klimaleugner« folgt in der Regel der Ausschluss aus der Scientific Community, also die unwiderrufliche Exkommunikation.

Die narrative Gestaltung der Debatte lässt Wahrheitswert, Aussagegehalt und argumentative Substanz in den Hintergrund treten, ja das Was des Gesagten selbst als sekundär erscheinen. Wenn ein solches Narrativ auf eine widerstreitende Tatsache trifft, hat das Faktum das

Nachsehen, wie der Literaturwissenschaftler und Erzähltheoretiker Albrecht Koschorke darlegt. Die Narrative, schreibt er, »ziehen auf synkretistische Weise alle verfügbaren Evidenzen zusammen und liefern kognitive wie affektive Orientierung zu vergleichsweise geringen Informationsbeschaffungskosten«.[139] Diese selektive Evidenzbeschaffung zeigt sich darin, dass jedes Wetterereignis, welches das Narrativ zu stützen scheint, sogleich zum Klimamenetekel wird, während umgekehrt die Phänomene, die sich nicht umstandslos einfügen lassen, nur zufällige Kapriolen sind, die mit dem Klimawandel nichts zu tun haben. Hier ist das Wetter auf einmal wieder das, was es vor der Epoche des Klimaalarmismus war: Inbegriff der Belanglosigkeit und Banalität. Auch metaphorische Kurzschlüsse verringern den Informations- und Begründungsaufwand erheblich. Wald- und Buschbrände werden ohne den begrifflichen Nachvollzug einer Kausalkette, der den Befund untermauern könnte, direkt auf die Klimaerwärmung zurückgeführt: Diese entfache das Feuer, wird nahegelegt und sogar buchstäblich behauptet. Innerhalb des Narrativs ist die Semantik der Erwärmung, die das Feuer im Wald mit dem aufgeheizten Klima als *tertium comparationis* als gemeinsamer sprachlicher Nenner verbindet, so suggestiv, dass eine weitere Begründung dieser These als verzichtbar erscheint. Genährt werden die Flammen selbstverständlich auch von Kohlekraftwerken und Bergwerken sowie allen, die auch nur mittelbar an deren Aufbau und Betrieb beteiligt sind.

Die subtile Verschränkung von Plausibilisierung und Legitimierung erklärt die Unwiderstehlichkeit und das erstaunliche Beharrungsvermögen des Narrativs. Das Ineinanderübergehen von narrativer Hyperfaktizität und Hypermoral hebt jene Trennung der Wert- und Geltungssphären auf, welche die Signatur der Moderne ausmacht. Das entdifferenzierende Narrativ lebt vom Versprechen, das Gute und Wahre im Über-Guten und Mehr-als-Wahren zur Deckung zu bringen, um so »die Widersprüche moderner Gesellschaften auf neue Art zu versöhnen«.[140] Aus der Perspektive einer narrativ erschlichenen Kongruenz erscheint die Differenzierung der Geltungsbereiche als Wunde, die es zu heilen gilt. Dies zeigt sich nicht nur im wissenschaftlichen, sondern auch im ästhetischen Diskurs. Es wächst die Bereitschaft, das Schöne als autonome Sphäre preiszugeben und dem Über-Guten zu unterstellen, wie erfolgreiche Kampagnen zur Entfernung als sexistisch empfundener Gedichte oder Gemälde aus dem öffentlichen Raum belegen. Kunst wird als Fortsetzung der Moralpolitik mit ästhetischen Mitteln verstanden und nur noch als solche geduldet.

Der Berliner Dramaturg Bernd Stegemann, Mitinitiator und Stratege der linken Sammlungsbewegung Aufstehen, sieht im Moralismus der identitätspolitischen Linken einen »Trick«[141], der kurzfristige sprachpolitische Erfolge ermögliche, sich mittel- und langfristig aber rächen werde und als Falle erweise. Die binäre Codierung des Politischen nach dem Muster »gut« versus »böse« produziere unaufhörlich Verlierer, Ausgeschlossene, deren wachsende Wut zum Treibstoff eines neuen rechten Populismus werde und das linke Projekt gefährde, argumentiert Stegemann. Dabei unterschätzt er die Mobilisierungskraft und Erneuerungsfähigkeit des hypermoralischen Narrativs, das nicht nur ein rhetorischer Taschenspielertrick ist, sondern auf der universalistischen Metanoia aufbaut und deren argumentative Unangreifbarkeit für sich produktiv macht. Der anhaltende Erfolg der Klimaschutzbewegungen, der dem Projekt Aufstehen versagt blieb, spricht dafür, dass diese Erzählung noch lange nicht ausgereizt ist.

Das Narrativ des Klimawandels ist die Blaupause für die Formierung vergleichbarer Debatten wie die der Energie- oder der Verkehrswende. Teil der Sakralisierung ist hier die strukturelle Imitation einer Heiligenlegende. Sowohl die Energie- als auch die Verkehrswende markiert den Weg aus der Verworfenheit über die Buße und Umkehr zur gottbegnadeten und wundertätigen Existenz. Auch die Heroisierung und Sakralisierung des Tesla-Gründers und Elektroauto-Pioniers Elon Musk fügt sich ins Bild. Dieser Legendenbildung gegenüber ist es nahezu aussichtslos, auf die durchaus problematische Ökobilanz der Elektrofahrzeuge, auf die enormen Kohlendioxid-Emissionen bei der Herstellung von Lithium-Ionen-Batterien oder auf das Problem der für ihre Produktion benötigten Rohstoffe zu verweisen, die unter mehr als zweifelhaften Bedingungen in Entwicklungs- und Schwellenländern gefördert werden. Am moralisch imprägnierten Narrativ perlt jede

Kritik ab. »Sobald man sich auf dieses Feld der Mythen stellt, ist man gegen jede Widerlegung gedeckt«[142], sagt Georges Sorel, der den Mythos gerade wegen dieser Diskursresistenz als Instrument politischer Mobilisierung schätzt und bejaht. Anders Ernst Cassirer, der am Schluss seiner letzten Studie und unter dem Eindruck entfesselter Mythenproduktion resigniert eingesteht, die Philosophie habe einer mythisierten Politik wenig entgegenzusetzen: »Ein Mythus ist in gewissem Sinne unverwundbar. Er ist für rationale Argumente undurchdringlich; er kann nicht durch Syllogismen widerlegt werden.«[143]

Narrative wie die beschriebenen ermöglichen, mit Odo Marquard gesprochen, die »Flucht aus dem Gewissenhaben in das Gewissensein«[144]. Wer selbst Tribunal ist, muss sich vor keinem Tribunal verantworten und nicht einmal die höchste und letzte Instanz, den »Gerichtshof der Vernunft« (Kant), fürchten. Die Narrative des Klimawandels und der »Willkommenskultur« erscheinen in ihrer autoritären Gestalt und ihrem Anspruch auf Ausschließlichkeit als Wiedergänger aus der versunkenen, längst überwunden geglaubten Epoche der Metaerzählungen. Ihre neue alte Größe verdanken sie dem ihnen eingeschriebenen Appell an eine überlegene Moral, die über jeden Zweifel erhaben ist.

Vorhaben und Programme wie der »Green Deal« der EU-Kommission lassen erkennen, dass die »große Erzählung« des Klimawandels auf dem besten Weg ist, sich zu einer neuen Großideologie auszuwachsen. Dabei könnte sich das Sprachregime zu einem regulatorischen System verfestigen, das alle Wirtschafts-, Gesellschafts- und Lebensbereiche durchdringt. Wenn heute im mythisch beglaubigten Kampf gegen die Erderwärmung demokratische Entscheidungen unter einen Klimavorbehalt gestellt werden, könnten morgen schon demokratische Institutionen und Freiheitsrechte zur Disposition stehen. Die Fraglosigkeit des höchsten Zwecks heiligt alle Mittel, zu deren Anwendung es fortan keiner Begründung oder Rechtfertigung mehr bedarf. Die neuen Gehäuse der Hörigkeit sind grün, nachhaltig und multikulturell.

MATRIX DER DIFFERENZ

VORDENKENDE BEGRIFFE UND METAPHERN

Der Marsch durch die Institutionen ist bekanntlich lang und mühsam. Schneller und tiefgreifender als Menschen, die biologischen Träger der Ideen, verändern Worte und Begriffe die Verhältnisse. Sie sind den Trägheitsgesetzen von Laufbahnen und Lebensläufen nicht unterworfen. Zudem üben Begriffs- und Bildfelder einen Denkzwang aus, der gerade dort am unwiderstehlichsten ist, wo er nicht oder kaum ins Bewusstsein dringt. Das wohl mächtigste Sprachregime der Gegenwart hat die postmoderne Linke etabliert. Ihr ist es gelungen, aus Versatzstücken des Poststrukturalismus und der Dekonstruktion eine Sprach- und Diskursmaschine zu konstruieren, die ihr für Dekaden eine unangefochtene Deutungshoheit sicherte. Einmal programmiert, installiert und institutionalisiert, ist sie nicht einmal mehr auf die Biosphäre der menschlichen Hirne angewiesen, um dem gewünschten Denken zum Durchbruch zu verhelfen.

Die Deutungs- und Umdeutungsroutinen arbeiten mit algorithmischer Präzision. Sie wirken auf der Höhe des Akademischen, in den Niederungen der Alltagsrede und vor allem in der Mitte des Politischen. Sie durchdringen Tweets und Posts, Reden und Predigten, Memoranden und Gesetzesentwürfe. Die Gleichstellungs-, Gender- und Inklusionspolitik zehrt ebenso davon wie der Kult des Queeren und das Diversitätsmanagement der großen internationalen Konzerne. Noch die abgestandensten Metaphern des Bunten und Vielfältigen, die läppischsten Phrasen der Weltoffenheit und Grenzenlosigkeit speisen sich aus diesem unerschöpflichen semantischen Fond.

Von einem Jargon zu sprechen, wäre eine Verharmlosung, denn die Bild- und Begriffskomplexe aus dem Arsenal der Postmoderne haben sich zu einer umfassenden, alles durchdringenden Matrix des Sag- und Denkbaren verfestigt. Diese privilegiert die Differenz gegenüber der Identität, das Heterogene gegenüber dem Homogenen, das

Abwesende gegenüber dem Gegenwärtigen, das Vernetzte gegenüber dem Verwurzelten. Sie räumt ihren Leitbegriffen nicht nur ein Vorrecht ein, sondern drängt den jeweiligen Widerpart an den Rand; sie marginalisiert und kriminalisiert ihn im Politischen.

Das postmoderne Denken, gleich welcher Provenienz, ist entschieden antiuniversalistisch. Aber in der Parteinahme für das Ungebundene und der Ablehnung des Verorteten berührt es sich mit der universalistischen Antitopik.[145] Die Positionslosigkeit formiert eine gemeinsame Front, die über die Unverträglichkeit beider Ansätze hinwegtäuscht.

Die Matrix der Differenz und Nichtidentität wirkt als Hintergrundmetapher in dem ausschließlichen, quasitranszendentalen Sinn, den der »Metaphorologe« Hans Blumenberg auf den Begriff gebracht hat: »Nicht nur die Sprache denkt uns vor und steht uns bei unserer Weltsicht gleichsam ›im Rücken‹; noch zwingender sind wir durch Bildervorrat und Bilderwahl bestimmt, ›kanalisiert‹ in dem, was überhaupt sich uns zu zeigen vermag und was wir in Erfahrung bringen können.«[146] Im günstigen Fall ist sich der Geist in der Sprache selbst voraus. Seine Erfindungen erweisen sich als Entdeckungen, die er ihrem »Bildervorrat« verdankt. Aber auf *vordenkende* Metaphern lässt sich auch ein Sprachregime gründen, das weder Raum für Erfindungen noch für Entdeckungen lässt. Die postmoderne Linke hat ein solches Regime im semantischen Spektrum der Vielfalt und Differenz errichtet. Dieses erscheint auch deshalb unangreifbar, weil es mit dem Versprechen antritt, die Ära der Symbolregime und narrativen Imperien für alle Zeit beendet zu haben. Der antiinstitutionelle Gestus befördert seine Institutionalisierung, der antihegemoniale Anspruch sichert ihm eine dauerhafte Vorherrschaft.

Bei vielen Ideen der postmodernen Linken standen die französischen »Meisterdenker« Pate. So lässt sich etwa die Forderung nach umfassender gesellschaftlicher Inklusion als programmatisches Echo von Michel Foucaults Analysen diskursiver und institutioneller Ausschlussmechanismen verstehen. Das Vokabular der Entgrenzung kann an die »Nomadologie« von Gilles Deleuze und Félix Guattari anknüpfen. Deren Begriff des antilinearen, antigenealogischen »Rhizoms« lieferte den Vordenkern der Vernetzung die Stichworte. Und wenn besonders beflissene Genderaktivisten das sprachliche Geschlecht mit einem »x« tilgen, dann ist dies auch eine Reminiszenz an Jacques Lacans durchgestrichenes »S«, welches das von der Sprache durchkreuzte Subjekt anzeigt.

Wichtiger als diese direkten Einflüsse und Traditionslinien ist die sprach- und identitätspolitische Agenda. Die (kreierte) »différance« Jacques Derridas stattete die postmoderne Linke nicht nur mit höchsten philosophischen Weihen, sondern auch mit einem unbeirrbaren Sendungsbewusstsein und einer unerschütterlichen Selbstgewissheit aus. Ihrem Anspruch nach ist sie die einzige Instanz, die den Herrschafts- und Schuldzusammenhang der abendländischen Vernunft überwinden kann, die einsteht für die Ausgeschlossenen, Verdammten und Verfemten, die den Opfern der logozentrischen, weißen und männlichen Rationalität Gerechtigkeit widerfahren lässt. Nichts kennzeichnet die politische Postmoderne weniger als das ihr angeheftete Attribut der Beliebigkeit. Hinter dem Label des »Anything goes«, das allenfalls zur konsumierbaren Oberfläche der Postmoderne passt, verbirgt sich ein unerbittliches Programm der semantischen und begrifflichen Umwertung. Das Erbe einer nietzscheanisch inspirierten Vernunftkritik, die aufs Ganze geht, gibt ihrer Mission einen heiligen Ernst. Noch im Kampf um die Durchsetzung des »Gendersternchens« geht es um die Überwindung eines epochalen Verhängnisses.

Für Derrida, neben Foucault der wichtigste Inspirator der postmodernen Linken, ist die gesamte abendländische »Onto-Theologie« einschließlich der modernen Wissenschaften ein System der »Auslöschung der Differenz«[147]. Der Kampf gegen die unterschiedlichen Erscheinungsformen gesellschaftlicher, institutioneller, geschlechtlicher oder personaler Identität ist deshalb ein Akt der ausgleichenden Gerechtigkeit. Die Anwälte der Differenz verschaffen – endlich – dem Geltung, das Jahrtausende ausgeschlossen, entstellt, zugerichtet und unterdrückt wurde. Aus dieser Mission leiten sie zugleich die Lizenz und das Mandat ab, alles zu bekämpfen, was sich nicht auf Vielfalt, Differenz und Diversität vereidigen lässt.

BEGINNENDE POLITISIERUNG

Die in der Metaphysik- und Vernunftkritik gewonnenen, in der Diskursanalyse und dekonstruktiven Lektürepraxis erprobten Kategorien wurden nach und nach politisch aufgeladen. So geht es nicht mehr nur um Identität versus Differenz, sondern auch um Mehrheit versus Minderheit, Nähe versus Ferne, das Eigene versus das Fremde. Der Beginn dieses Politisierungsschubs lässt sich ziemlich genau auf 1968 datieren: Im Mai jenes Jahres begannen in Frankreich die Studentendemonstrationen zunächst in Nanterre und griffen dann auf die Metropole Paris über. Die Gewerkschaften riefen zum Generalstreik auf. Wilde Streiks, Fabrikbesetzungen und der Zusammenbruch des öffentlichen Lebens schienen zu revolutionären Hoffnungen Anlass zu geben. Schon bald jedoch distanzierten sich Gewerkschaften, Sozialisten und sogar Kommunisten von linksextremistischen Gruppierungen und zeigten sich bereit, mit dem gaullistischen Premierminister Georges Pompidou zu verhandeln. Es wurde ein Sozialpakt beschlossen, der Verbesserungen der sozialen Verhältnisse vorsah und die Lage beruhigte. Die Parlamentswahl im Juni war ein klares bürgerliches, antirevolutionäres Votum für die Wiederherstellung von Ruhe und Ordnung. Die Gaullisten gingen aus der Wahl als Sieger hervor, und Pompidou wurde erneut Premierminister.

In dieser Phase der politischen Desillusionierung eröffneten die schon bald kanonisierten Schlüsseltexte des Poststrukturalismus den enttäuschten Revolutionären ein neues sprach- und identitätspolitisches Betätigungsfeld. 1967 erschienen mit *De la grammatologie*, *L'écriture et la différence* und *La voix et le phénomène* gleich drei Bücher Derridas, die zu den Gründungsschriften des postmodernen Denkens zu zählen sind. Am Leitbegriff der Differenz arbeitete sich auch *Différence et répétition* ab, das 1968 publizierte Hauptwerk von Deleuze. Zentrale Texte von Foucault wie *Histoire de la folie* (1961) oder *Les mots et les choses* (1966) waren schon früher erschienen. Diese Bücher füllten nicht nur ein ideologisches Vakuum. Für eine in die Defensive geratene, undogmatische Linke waren sie auch eine willkommene Gelegenheit, sich von der Fixierung auf das Proletariat, das als revolutionäres Subjekt ausfiel, zu lösen, sich von der terminologischen Festlegung auf eine Kritik der politischen Ökonomie zu befreien und das sozioökonomische Paradigma insgesamt hinter sich zu lassen. Die Linke ersetzte die Waren- durch die Diskursanalyse – und sicherte sich damit eine Domäne, die ihr für Jahrzehnte niemand streitig machen sollte. Der Vorwurf, ökonomische Widersprüche in die Sphäre der Kultur zu verschieben und so deren materielle Basis unkenntlich zu machen, war lange Zeit ein beliebter Topos der marxistischen Kritik am bürgerlichen Denken. Nun trieb die postmoderne Linke diese Verschiebung auf die Spitze und erhob sie zum Programm: Sie kulturalisierte sich im Zeichen des Zeichens, erfand sich unter der Signatur von Schrift und Differenz, unter der Ägide der Diskursanalyse und Machtkritik neu. Nun war sie nicht mehr in der Verlegenheit, ein revolutionäres Subjekt ausfindig machen oder sich für sein Fehlen rechtfertigen zu müssen.

»Diejenigen, die handeln und kämpfen, haben aufgehört, repräsentiert zu werden, sei es von einer Partei, sei es von einer Gewerkschaft, die sich anmaßen, deren Bewusstsein zu sein«[148], sagte Deleuze im Rückblick auf den Mai 1968 in einem Gespräch mit Foucault. »Wer spricht? Wer handelt? Es ist immer eine Vielfalt – selbst in *einer* sprechenden und/oder handelnden Person.«[149] An die Stelle der Opposition gegen eine ökonomisch induzierte Ausbeutung und Entfremdung trat die Kritik an einer »Macht«, die im Singular aufgerufen wurde, weil sie die totalitäre Einfalt repräsentierte. In der Folge wandelten sich die gescheiterten Revolutionäre zu Partisanen der Vielfalt und Differenz: »Die Theorie totalisiert sich nicht, sie vervielfältigt sich.«[150] Das Partisanentum der Vielfalt sicherte der neuen Linken rasche begriffspolitische Erfolge und Geländegewinne. Aber die zurückgewonnene Hegemonie war mit einer weitgehenden Entkernung der begrifflichen Bestände erkauft. Das Programm der politischen Dekonstruktion, mit dem die Linke die ideologische, kulturelle und diskursive Vorherrschaft zunächst zurückeroberte und dann verteidigte, begann mit einer rückhaltlosen Selbstdekonstruktion.

Die Postmoderne, die ihre Schlüsse aus der Auszehrung der kulturellen Moderne und ihrer subversiven Gehalte gezogen hatte, schien sich zunächst als konservatives Projekt anzubieten. Schon bald aber zeigte sich, dass das Klima einer imaginierten Posthistoire eher die Ausbreitung antiinstitutioneller und antiidentitärer Deutungsmuster begünstigte. Die positionslose Position der politischen Dekonstruktion stand quer zu den Debattenfronten zwischen der antiautoritären Linken und den Neokonservativen, welche die 1960er und 1970er Jahre geprägt hatten, und bot, schon weil sie sich aus Prinzip nicht festlegen ließ, kaum Angriffsfläche für Kritik. Vokabular und Sprechweisen der Kritischen Theorie, die Jean Améry in Anspielung auf Adornos Heidegger-Schmähschrift als »Jargon der Dialektik«[151] charakterisierte, mochten die akademische Szene in Deutschland beherrschen. Ihre institutionelle Wirksamkeit und globale Reichweite blieben aber weit hinter jener der poststrukturalistischen Terminologie zurück, die bald zur *lingua franca* einer Machtkritik wurde, vor der sich kein Mächtiger fürchten musste.

Spätestens beim Epochenwechsel 1989 zeigten sich die unschätzbaren sprachpolitischen Vorteile der dekonstruktiven Strategie. Der Zusammenbruch der Sowjetunion und ihrer Satellitenstaaten diskreditierte die Bestände des neomarxistischen Vokabulars im politischen Diskurs und brachte auch jene Teile der Linken in Erklärungsnot, die ausdrücklich Distanz zum real existierenden Sozialismus gehalten hatten. Oskar Negt und Alexander Kluge, die sich zur Kritischen Theorie bekennen, diagnostizierten in dieser historischen Situation eine »Entleerung von Begriffen wie Solidarität, Gemeinwesen, Gemeinwirtschaft, vernünftige gesellschaftliche Organisation«[152] und sahen die Linke insgesamt begriffspolitisch in der Defensive. Sie habe »ihre Begriffe zu wenig als Griffe zur Veränderung der Verhältnisse gebraucht […], sie vielmehr als leere Substanzformeln aufbewahrt«.[153] Dieses Problem hatte die postmoderne Linke nicht. Die Partisanen der Vielfalt und Differenz waren auf die überkommenen Symbolorientierungen nicht mehr angewiesen, denn sie hatten – ihrem dekonstruktiven Programm folgend – den Bestand als Bestand negiert. Mit der Identitätspolitik sollten sie bald ein Betätigungsfeld finden, in dem eine sprachpolitische »Veränderung der Verhältnisse« tatsächlich aussichtsreich ist und mit einem institutionellen Wandel einhergeht.

Auf den ersten Blick erscheint das Vokabular von Vielfalt, Offenheit und Differenz bestenfalls als Surrogat linker Begrifflichkeit. Aber was als Schwäche ausgelegt werden könnte, wurde kurzerhand in eine Stärke umgedeutet. Ihre »entwaffnende Wucht in der Diskurspraxis« verdankt dieses Vokabular der »neu erworbenen Fähigkeit, *Gehalte zu erübrigen*«,[154] wie Frank Böckelmann am Beispiel des verwandten »Jargons der Weltoffenheit« zeigte. Im dekonstruktiven Denken kennzeichnen Substitut und Supplement keinen Mangel, sondern belegen den chimärischen Charakter dessen, was sich allzu lange als Angestammtes behauptet hatte. »Es hat immer nur Supplemente, substitutive Bedeutungen gegeben, die ihrerseits nur aus einer Kette von differentiellen Verweisen hervorgehen konnten, zu welchen das ›Wirkliche‹ nur hinzukam, sich lediglich anfügte«[155], schreibt Derrida. Auch diese Annahme einer unhintergehbaren Supplementarität, die Wirklichkeit selbst nur als nachträgliche Hinzufügung versteht, eröffnet sprachpolitische Vorteile: Wer die Dekonstruktion als bloße Ersatzhandlung und die politische Postmoderne als Pseudolinke geißelt, setzt sich dem Verdacht aus, einer nicht nur trügerischen, sondern gefährlichen, tendenziell totalitären Idee von Ursprünglichkeit anzuhängen. Damit steht der Kritiker fortan selbst unter Rechtfertigungsdruck, während sich der Dekonstrukteur in einer Bastion diskursiver Unangreifbarkeit verschanzt. Die Konfrontation mit einer Realität, die nur Supplement ist, muss niemand fürchten.

Ein entscheidendes Kapitel in der politischen Wirkungsgeschichte der French Theory ist der Sprung über den Atlantik, der in den 1970er und 1980er Jahren gelang. Michel Foucault war in dieser Zeit immer wieder als Gastprofessor und Vortragsreisender in den Vereinigten Staaten tätig, und zwar bevorzugt in Kalifornien. Seine Experimente mit alternativen Lebensformen und Drogen sind ebenso legendär wie seine Erfahrungen in der schwulen Subkultur in San Francisco. Jacques Derrida hatte eine langjährige Gastprofessur an der University of California in Irvine inne, wo sich auch sein Nachlass befindet. Und in Jean-François Lyotards 1979 erschienenem Text *Le mur du Pacifique* wird Kalifornien zum Epizentrum der Posthistoire und Los Angeles zum Modell einer postimperialen, dezentralen, entgrenzten Metropole:

»Off limits, im genauen Sinn des Worts. Daraus folgt: Das Zentrum ist der wahre Nomade, in ihm tauschen alle Kulturen ihre Bewegungsquanten und verlieren sich.«[156] Daran wird die dekonstruktive Politik ein Vierteljahrhundert später anknüpfen.

Es ist kein Zufall, dass in dem Moment, als sich die mit Gender Studies angereicherte Dekonstruktion an den Hochschulen der Westküste ausbreitete, kanonisiert wurde und zugleich die bisherigen Curricula als männlich, weiß und westlich dominiert verworfen wurden, auch die Sprachpolitik der Antidiskriminierung Kontur gewann und schon bald weit über den Campus hinauswirkte. Sie trat mit dem Anspruch an, Minderheiten vor Herabwürdigung und Ausgrenzung zu schützen, und zwar durch die Vermeidung diskriminierender Begriffe und Sprechweisen. Dahinter steht die Überzeugung, dass sich Diskriminierung nicht nur in der Sprache zeigt, sondern allererst über Worte, Begriffe und sprachliche Zuschreibungen vollzieht. Was anfangs als berechtigter, ja notwendiger Beitrag zum Ausgleich ethnischer Spannungen in der Einwanderungsgesellschaft der Vereinigten Staaten erschien, entwickelte zunehmend autoritäre Züge. Zunächst werden Minderheiten unter besonderen sprachlichen Schutz gestellt. Dann wird die Abweichung zur Norm erhoben und die Abweichung von ihr mit einer Unerbittlichkeit geahndet, die sich nicht selten zum Fanatismus steigert. Der Grundimpuls der politischen Korrektheit speist sich aus dem Differenzdenken der Dekonstruktion, deren Postulate banalisiert und politisiert werden. Aus den Richtungszeichen einer unabschließbaren Denkbewegung wird ein Reglement, das axiomatischen Rang und höchste politische, gesellschaftliche und sogar juristische Relevanz beansprucht. Man kann darin eine Pervertierung der Dekonstruktion, aber mit gleicher Berechtigung auch eine Entstellung zur Kenntlichkeit sehen. Folgt man der zweiten Lesart, entpuppt sich die Dekonstruktion im Sprachregime der Political Correctness als die Tyrannis, die sie im Kern immer schon war.

PHILOSOPHISCHE VORGESCHICHTE

Die Parteinahme für Differenz und Heterogenität hatte eine lange Vorgeschichte im philosophischen Diskurs des 20. Jahrhunderts. Bei Philosophen höchst unterschiedlichen geistigen Hintergrunds und Temperaments wurde das Differenzdenken, das mit einer Opposition gegen eine systemische Vereinheitlichung und Vergegenständlichung einherging, zum bestimmenden Motiv. Zu nennen wäre etwa Martin Heideggers Betonung der im bisherigen metaphysischen Denken eingeebneten oder verstellten ontologischen Differenz zwischen Seiendem und Sein, die er im eigenen Denken als »das lichtende Zwischen«[157] neu zur Geltung zu bringen versucht. Auch die an der *ordinary language* ausgerichtete Spätphilosophie Ludwig Wittgensteins, eine pluralistische Bedeutungstheorie, sensibilisiert für den Unterschied, die »unsägliche Verschiedenheit aller [...] tagtäglichen Sprachspiele«[158], und warnt vor der identifikatorischen Gleichmacherei. Als »das konsequente Bewusstsein von Nichtidentität«[159] charakterisiert Theodor W. Adorno sein Modell einer negativen Dialektik. Folgenreicher für die Genese des postmodernen Denkens ist der Begriff des Heterogenen, den George Bataille mit Vorstellungen des Rauschhaften, Ekstatischen, Chthonischen auflud, mit einer Ökonomie der unproduktiven Verausgabung koppelte und von einem mechanistisch-utilitaristischen Konzept von Homogenität abgrenzte.[160]

Derridas Differenzdenken knüpft mindestens so sehr wie an Heideggers Metaphysikkritik an die strukturalistische Linguistik Ferdinand de Saussures an. Dessen Konzept des sprachlichen Zeichens zufolge gibt es keine natürliche Beziehung zwischen Bezeichnendem und Bezeichnetem, Laut und Sinn, Signifikant und Signifikat, die Bedeutung fundieren könnte. Nicht der Laut selbst ist Träger von Bedeutungen, sondern ein komplexes System distinktiver Merkmale, das die einzelnen Laute oder Phoneme voneinander abgrenzt und unterscheidbar macht. »Was bei einem Wort in Betracht kommt, das ist nicht der Laut selbst«, schreibt de Saussure, »sondern die lautlichen Verschiedenheiten, welche dieses Wort von allen andern zu unterscheiden gestatten, denn diese Verschiedenheiten sind der

Träger der Bedeutung.«[161] Bedeutung lässt sich nur im Verweisungszusammenhang der Differenzen realisieren, der jeder isolierten Beziehung von Signifikant und Signifikat vorausgeht. Dies schließt zugleich ein, dass die Fülle des Bedeutens niemals ganz gegenwärtig sein kann, sondern in Teilen immer *aussteht*, weil jeder Versuch der Vergegenwärtigung auf den verzögernden Umweg zahlloser Unterscheidungen angewiesen ist. Diese Verzeitlichung bringt Derrida im Kunstwort »différance« zum Ausdruck. Es ist an das französische Verb »différer« angelehnt, das neben »verschieden sein« auch »aufschieben« meint. Die einseitige Orientierung am gesprochenen Wort, an der Stimme, am artikulierten Laut hat aus Derridas Sicht jene verhängnisvolle Illusion der Gegenwärtigkeit genährt, die richtungsweisend für das gesamte abendländische Denken wurde. Der Logozentrismus der Metaphysik ist ein Phonozentrismus. Der Zusammenhang von Sein als Gegenwärtigkeit und Identität hat sich Derrida zufolge zu einer »Matrix«[162] verfestigt, die das westliche Denken für Jahrhunderte fesselte und gefangen hielt. Der »Grammatologe« Derrida setzt ihr ein Konzept der Schrift entgegen, in der die Spur des Nichtgegenwärtigen, Anderen, Differenten aufbewahrt ist.

Damit ist die Axiomatik der Differenz bestimmt, wobei die Dekonstruktivisten alles daransetzen, den axiomatischen Charakter zu verhüllen und zu verbergen. Ihr Kampf gegen die Differenzvergessenheit blieb nicht auf philosophische Texte und metaphysische Kategorien beschränkt, sondern verlegte sich bald schon auf die Gesellschaft. Was vom Verhängnis der unterschiedslosen Identität befreien soll, ist indes als soziales Modell schon deshalb selbst verhängnisvoll, weil es jede Form des gesellschaftlichen Zusammenhalts oder des Gemeinsinns in den Verdacht einer letztlich totalitären Ausschließlichkeit rückt. Der Begriff »Kulturmarxismus«, dem höchst unterschiedliche Denker wie Walter Benjamin, Antonio Gramsci und Georg Lukács sowie die Frankfurter Schule und die Postmodernen fahrlässig subsumiert werden, ist zu grobschlächtig, um die Herausbildung des Deutungsregimes zu verstehen. So liefert die Philosophie Adornos, insbesondere seine Kritik der Identitätsphilosophie, zweifellos Ingredienzen, die sich für eine Matrix der Differenz verwenden ließen; aber sie enthält eben auch Denkfiguren, die deren Wirkungsweise erhellen und den »Verblendungszusammenhang« durchdringen.

Das Differenzdenken der Postmoderne trat zu einem Zeitpunkt auf den Plan, als die Kritik am identifizierenden Denken und am totalitären Charakter reiner Vernunft bereits ein festes Repertoire ausgebildet hatte und beinahe schon zum guten Ton gehörte. Bemerkenswert ist der postmoderne Kult der Differenz auch insofern, als Individualisierung und Differenzierung die Signatur der überwundenen oder zu überwindenden Moderne sind. Im Gegensatz zu traditionellen sind moderne Gesellschaften multiperspektivisch und multizentrisch. Auch fehlen ihnen ein privilegierter, ontologisch ausgezeichneter Ort der Erkenntnis und eine für alle bindende Deutung der Welt. Moderne Gesellschaften sind, in der Terminologie Niklas Luhmanns, das Ergebnis einer funktionalen Ausdifferenzierung autonom gesteuerter, ausschließlich den eigenen Imperativen folgender Teilsysteme, welche benachbarte Subsysteme zur bloßen Umwelt neutralisieren und keinen Begriff von Ganzheit mehr zulassen. Es läge vor diesem Hintergrund nahe, die Schattenseiten und Pathologien der Moderne nicht in der Vereinheitlichung und Totalisierung, sondern in der fortschreitenden Desintegration zu suchen, die eine Verständigung über Systemgrenzen unmöglich macht und soziale Kohäsion zerstört. Die postmoderne Linke hingegen verleiht einer inflationierenden Differenz Seltenheitswert und fordert im expandierenden Multiversum ein Mehr an Vielfalt ein. So lässt sich noch die Herausbildung von Parallelgesellschaften innerhalb der staatlichen Ordnung als Differenzgewinn verbuchen.

Die Kritik an der Ontologie im Namen der verfemten Differenz schlägt in eine neue Ontologie der hypostasierten Differenz um – noch deutlicher als bei Derrida und seinem Konzept der Urschrift bei Deleuze. Christoph Türcke spricht treffend von einer »Universalrenitenz«[163], die sich selbst als neue *prima philosophia* in Stellung bringe: »Indem die Vielheit als solche, die ›Differenz an sich selbst‹, jeden Bezug auf Identität kündigt, wird sie selbst das, womit sie nichts mehr zu tun haben will: Identität *par excellence.*«[164] Dies dürfte den zutiefst dogmatischen Zug im Sprachspiel der postmodernen Linken erklären. Der Kampf gegen die Matrix der Identität und Präsenz wird zum Vorwand, eine eigene Matrix mit umgekehrten Vorzeichen zu errichten und zu verankern. Die Matrix der Differenz, auf der die postmoderne Linke ihr Sprachregime aufbaut, ist die kristalline Form der Dekonstruktion. Diese tritt nicht zuletzt auch deshalb mit dem Versprechen einer unendlichen Fluidität des Sinns an, um über ihre dogmatische Erstarrung hinwegzutäuschen.

»Große Philosophie war vom paranoischen Eifer begleitet, nichts zu dulden als sie selbst, und es mit aller List ihrer Vernunft zu verfolgen«[165], schreibt Adorno in seinen Exerzitien des Nichtidentischen. Wo indes, wie bei den politischen Adepten der Dekonstruktion, die Differenz programmatisch, ja obligatorisch wird, dort wird die Identität zu einer Form der Dissidenz. Im Namen der Rettung des Nichtidentischen vollstreckt das Denken eine übermächtige Tendenz. Es rennt offene Türen ein, bahnt Wege, wo schon vielspurige Highways verlaufen. Dabei verschiebt sich der Fokus zusehends. Das Eingedenken der unterdrückten Differenz wird zum Vorwand und Alibi. Das philosophische Rettungsprogramm mutiert zum Fahndungsaufruf. An die Stelle der Paranoia der großen philosophischen Systeme und des sich in ihnen entfaltenden identifizierenden Denkens, das laut Adorno alles Inkommensurable und Begriffslose austilgt, ist eine mindestens so wahnhafte, paranoische Verfolgung alles dessen getreten, was einer mittlerweile längst verpflichtenden Diversität widersteht. Der Ingrimm steigert sich zum Fanatismus. So wird aus dem Bewusstsein der Differenz eine antiidentitätspolitische Agenda und aus der Lektürepraxis zur Verflüssigung des Sinns ein inquisitorisches Sprachregime.

Mit großer Geste hatte sich die postmoderne Linke vorgenommen, »die Differenz ihrem Stand der Verfluchung zu entreißen«.[166] Obwohl Differenz längst Standard und ihr Eingedenken Routine ist, wird das Pathos der Rettung und Befreiung kultiviert. Aber nicht sie wird mit einem Bannfluch belegt, sondern die Identität. Die Exerzitien des Nichtidentischen und Differenten sind in einen Exorzismus des Identischen umgeschlagen. Dieser arbeitet sich nicht nur an vermeintlich differenzvergessenen metaphysischen Kategorien wie Idee, Substanz,

Subjekt oder Geist ab, sondern stürzt sich auf alles, was Züge des Gründenden trägt oder Beständigem und Hergebrachtem Geltung zu verschaffen versucht.

KONFORMISMUS DER DIFFERENZ

Die marxistische Geschichtsphilosophie sieht die historische Mission des Kapitalismus als Durchgangsstadium zur kommunistischen Gesellschaft in der Auflösung aller hergebrachten Beziehungen und Bindungen, sei es in Familie, Volk, Nation, Staat oder Religion. »Alles Ständische und Stehende verdampft, alles Heilige wird entweiht«[167], heißt es im *Manifest der Kommunistischen Partei*. Die dekonstruktive Politik der postmodernen Linken ist darin marxistisch, dass sie diese Tendenz mit größter Entschiedenheit vollstreckt. Allerdings ist ihr die revolutionäre Perspektive einer Aufhebung der Klassengesellschaft ebenso abhandengekommen wie jeder ökonomische Bezugspunkt. An die Stelle der Kritik der politischen Ökonomie ist eine als permanente Aufgabe verstandene Bewirtschaftung minoritärer Interessen getreten, die sich vorrangig auf dem Feld und im Medium der Sprache, der Kultur und des Diskurses vollzieht. Dabei verfolgt die Dekonstruktion allen Beteuerungen der Unbotmäßigkeit zum Trotz letztlich eine affirmative Agenda, weil sie die Strukturen zersetzt, die einer Kapitalisierung aller Lebensbereiche widerstehen könnten.

Es gibt eine zunächst geheime, später offene Komplizenschaft zwischen der ökonomischen und sprachlichen Deregulierung. Die Partisanen der Vielfalt suchen und finden Anschluss an das ökonomische System. Dieser Allianz verdankt das Sprachregime seine breite und durchdringende Wirksamkeit. Vom Genderfeminismus bis zu Parteien und Gewerkschaften, vom Kirchentag bis zum Industrieverband, von den Nichtregierungsorganisationen bis zu den Global Players finden sich nahezu alle gesellschaftlichen Akteure im Vokabular der Differenz wieder und machen sich zu dessen Multiplikatoren. Man kann in diesen schillernden, sich jedem diskursiven Zugriff entziehenden, fortwährend ins Metaphorische changierenden

Begriffen übereinkommen, ohne darunter dasselbe oder auch nur Ähnliches verstehen zu müssen. Es handelt sich um eine Übereinkunft der Nichtübereinkunft. Hatte Antonio Gramsci politische Hegemonie als ausgewogene »Kombination von Zwang und Konsens«[168] verstanden, so tritt an deren Stelle ein Konformismus der Differenz, der auf den Konsens nicht mehr angewiesen zu sein glaubt, ja diesen als Herrschaftsprinzip verächtlich macht. Die zunehmend monochrome Vielfarbigkeit, eintönige Diversität und indifferente Differenz wird zur letzten Klammer. Gemeinsam ist den Kombattanten einzig die Frontstellung gegen alles, was eigenwillig genug ist, es selbst zu sein, und beharrlich genug, es auch zu bleiben.

Begründet ist die seltsame, alle politischen Lager übergreifende Einigkeit nicht zuletzt darin, dass der Konformismus unter dem Banner der Differenz hochgradig marktkonform ist. Die Hypostasierung der Diversität erinnert nicht zufällig an eine Marketingstrategie, eine »*Reklame*-Form«[169], wie Jean Baudrillard bereits 1984 hellsichtig erkannte. Unter dem Label der Postmoderne geht es von Beginn an auch um »die Anpreisung der Differenz als Spezialeffekt und als ›gadget‹«[170]. Von hier aus führt eine direkte Linie zur *corporate non-identity* der regenbogenfarbenen Lettern und Fahnen, die inzwischen unausweichlich geworden ist. Das Bunte, als Spektrum des Regenbogens, ist die metaphorische Konkretion einer blutleeren Kategorie. In der Folge wird der Konkretions- zum Argumentationsersatz, was beispielsweise deutlich wird, wenn Politiker die Vorzüge des Multikulturalismus mit Buntstiften demonstrieren.[171] Die angepriesene Vielfalt gleicht den kunstvollen multikulturellen Arrangements zeitgenössischer Werbebilder. Die inflationäre Verbildlichung soll die Abstraktheit der allseits geforderten Diversität vergessen machen. Der leere Begriff reichert sich bei jeder sich bietenden Gelegenheit visuell und emblematisch an, um der realen Anschauung einer möglicherweise weniger glanzvollen Vielfalt zuvorzukommen und alle widerspenstigen Eindrücke zu zerstreuen.

Die Ikonologie der Vielfalt, die als Ausweitung des Sprachregimes zu verstehen ist, verrät den Eifer des Begriffs, Blicke in seinem Sinn zu lenken und die genehme Sichtweise vorzuschreiben. Auch kommt in der gecasteten Diversität der »United Colours« das marktkonforme

Apriori der Vielfalt zu sich selbst. Die gezwungene Ungezwungenheit der Teintvarianten soll den Eindruck weißer Dominanz zerstreuen. Aber gerade in ihrem Anspruch, das ganze Spektrum der Hautfarben abzubilden, affirmieren diese Darstellungen das Konzept Rasse, das sie zu überwinden vorgeben. Die Models sind das, was sie am wenigsten sein sollen: Exemplare. Und zuweilen erinnern die Tableaus, in denen kein Typus fehlen darf, sogar an die Schautafeln der Menschenrassen, wie sie noch im *Brockhaus* der 1970er Jahre zu finden sind.

Es ist kein Zufall, dass die Feier der Differenz im philosophischen Diskurs der Postmoderne zeitlich mit dem Höhepunkt des Markenkults zusammenfällt. Weil es für die Konzerne und Markeninhaber angesichts einer sich global verschärfenden Konkurrenz immer schwieriger wird, über die physikalisch-technischen Produkteigenschaften Alleinstellungsmerkmale zu schaffen, werden mit enormem Aufwand und Werbebudget distinktive Merkmale auf symbolischem Gebiet produziert. Differenz ist das Banner eines konformistischen Nonkonformismus, aber sie ist immer auch *unique selling point.* Christoph Türcke sieht deshalb in der Hypostasierung von Schrift und Differenz im französischen Poststrukturalismus eine »überspannte Philosophie der Markenzeichen«.[172] Wenn sich das heutige Marketing der Codes politischer Dekonstruktion bedient, indem es etwa die deutschen Nationalfarben auf dem Fußballtrikot zu einem Farbverlauf diffundiert und somit das Symbol nationaler Identität in ein Emblem des Multikulturalismus verwandelt, dann findet zusammen, was zusammengehört.

Auch abseits der Waren- und Markenästhetik erscheinen Differenz und Vielfalt unter dem Aspekt ihrer Kapitalisierbarkeit: Die Biodiversität fungiert als genetisches Ersatzteillager und damit als ökonomische Ressource. Und im Diversitätsmanagement der Unternehmen geht es darum, das ›Humankapital‹ so weit wie möglich nach Alter, Geschlecht, Herkunft und kultureller Orientierung zu diversifizieren. Belegschaften und Teams sollen genauso vielfältig sein wie die Kunden weltweit, für die sie arbeiten, so das globalistische Credo. In diesen und ähnlichen Fällen trägt die Matrix der Differenz dazu bei, ökonomische Motive zu verschleiern, kulturalistisch zu überhöhen oder emanzipatorisch umzudeuten.

MASCHINEN DER SELBSTBEWAHRHEITUNG

Die postmoderne Linke nutzt die semantische Flexibilität des Relativismus und Konstruktivismus, schöpft dabei aber gleichzeitig aus dem Unbedingtheitsreservoir von Antifaschismus und Antikolonialismus. Mit dem Rückgriff auf diese Dringlichkeitsressourcen kompensiert die Linke zugleich die Preisgabe ihrer universalistischen und egalitaristischen Positionen, die es ihr erlaubt hatten, ihre Gegner eines verwerflichen Partikularismus zu überführen und sich argumentativ zu behaupten. Im Antifaschismus sieht Peter Sloterdijk das »erfolgreichste sprachpolitische Manöver des 20. Jahrhunderts«[173]. Das »Anti« führte zu einer »umfassenden Selbstamnestie«[174] und letztlich zu einer Apologie aller Verbrechen des Stalinismus und anderer roter Terrorregime von Mao bis Pol Pot. Es ist die Selbstvergewisserung, auf der richtigen Seite der Geschichte zu stehen, und zugleich die Generalvollmacht zur Verfolgung und Bekämpfung derer, die auf der falschen stehen – mit allen Mitteln, die der über jeden Zweifel erhabene Zweck rechtfertigt. Mühelos dockt das Sprachregime der Dekonstruktion an dieses »Anti« an. Der Antifaschismus verleiht dem Mandat der Differenz höchste politische Bedeutung und Brisanz. Wo von Signifikanten, Signifikaten und Einschreibungen die Rede ist, geht es zugleich um Superlative der Verworfenheit, den Sündenfall der Zivilisation, das Verhängnis schlechthin. Umgekehrt ermöglicht es die Matrix der Differenz den selbsterklärten Antifaschisten, das Unheil in kleinsten und abseitigsten Zusammenhängen aufzudecken und somit ihre Fahndung über alle Maße auszudehnen. Genealogien und Begriffspaare aller Art sind ebenso verdächtig wie jede Form der Subsumtion und Prädikation, ja die Begriffs- und Urteilsbildung selbst. Bereits die Bevorzugung eines Signifikanten führt laut Deleuze und Guattari zu »faschistischen Versteinerungen«[175]. Faschistisch sind aus dieser Perspektive auch Personalität und Subjektivität sowie die Selbsterfahrung des Menschen als eine Zeiten überdauernde Instanz des Erkennens, Wollens und Handelns. Selbst Sigmund Freuds Begriff des Unbewussten ist dieser Deutung zufolge eine »diktatorische Macht«[176]. Die Psychoanalyse soll durch eine »Schizoanalyse«[177]

abgelöst werden, welche die Spaltung der Persönlichkeit nicht etwa zu überwinden hilft, sondern sie im Namen einer dezentrierten Subjektivität noch vertieft oder vervielfältigt.

Es geht der postmodernen Linken nicht um die Dekonstruktion als metaphysikkritisches Konzept oder philosophische Position, sondern um ihre Verwandlung in eine Maschinerie der Selbstbewahrheitung. Obwohl Derrida in späteren Texten selbst dazu tendierte, seine grammatologischen Begriffe zu politisieren, ist er nicht für das haftbar zu machen, was die politischen Adepten aus seinem Denken gemacht haben. Die Matrix der Differenz ist nur eine Schwundstufe der Dekonstruktion, aber eine sprachpolitisch überaus wirksame und folgenreiche. Die entkernte Linke hat Derridas Theorie parasitiert. Dazu wurden einzelne Elemente seines Denkens aus dem theoretischen Zusammenhang isoliert und in Programmcodes verwandelt. Aus den unberechenbaren und nur schwer nachzuzeichnenden, auch literarisch verdichteten Denkbewegungen Derridas wurden Deutungs- und Umdeutungsroutinen, die beliebig oft und in wechselnden Zusammenhängen reproduzierbar sind. Der als Loop programmierte Diskurs ist darauf angelegt, das Denken in den Automatikmodus zu versetzen, also abzuschaffen.

So kritik- und argumentationsresistent die Matrix, an der alle Einwände wie an einer Teflonschicht abperlen, einerseits ist, so offen ist sie andererseits für Modifikationen, Aktualisierungen und Erweiterungen. Frantz Fanons Antikolonialismus, der einen umfassenden Schuldzusammenhang der gesamten ›weißen‹ westlichen Welt konstruiert, eignet sie sich bei Bedarf ebenso an wie den kommunitaristischen Multikulturalismus eines Charles Taylor.[178] Ein weiterer Unbedingtheitslieferant für die postmoderne Linke ist, wie Egon Flaig gezeigt hat, die Apotheose des »Anderen« bei Emmanuel Lévinas, der eine grenzenlose Verantwortung für den Fremden und eine Entkernung des Eigenen postuliert, die jeden Wahrheitsanspruch überbietet und somit über jede Ontologie erhaben ist.[179] Bei der Aneignung solcher Positionen ist es zumeist unerheblich, ob und wie sie mit der Axiomatik der Differenz vereinbar sind. Ein Universalismus ist je nach Lage und Gegner ebenso willkommen wie ein radikaler

Kulturrelativismus. Überhaupt ist der Umgang mit universalistischen Prinzipien wie den Menschenrechten hochgradig selektiv und flexibel. Auch ist die Auslegung ihrer Gültigkeit exklusiv dem Hegemonen vorbehalten, der mit der Ausübung dieses Vorrechts seine Begriffsherrschaft weiter zementiert. Logische Widersprüche oder argumentative Brüche stellen bei der Anverwandlung unterschiedlicher Theoriebausteine kein Hindernis dar. Die angezogenen Elemente dienen nicht der Begründung oder Weiterentwicklung einer falsifizierbaren Theorie. Sie sind vielmehr Upgrades eines Programms, das den Diskurs ohne Rücksicht auf logische Grundsätze operationalisiert.

Neben der Postmoderne ist Karl R. Poppers Konzept der »offenen Gesellschaft« das prominenteste Beispiel für die politische Virulenz philosophischer Ideen im ausgehenden 20., beginnenden 21. Jahrhundert und für die Munitionierung der Machtpolitik mit herrschaftskritischer Reflexion. Die gängigen Vielfaltsappelle werden fast immer von einer Phraseologie der Offenheit[180] flankiert. Deshalb erstaunt es nicht, dass die nur auf den ersten Blick gegenläufigen Diskursmaschinen des kritischen Rationalismus und der Dekonstruktion im Kampf um die Deutungshoheit reibungslos zusammenarbeiten. In der sprach- und machtpolitischen Praxis trägt Poppers vergleichsweise eingängiger und argumentationsfreudiger Fallibismus zur Rationalisierung einer Theorie bei, die trotz aller Popularisierungen zur Esoterik neigt und sich zumindest in den naturwissenschaftlich geprägten oder am Common Sense orientierten, eher pragmatischen Milieus dem Verdacht des Obskurantismus ausgesetzt sieht. Umgekehrt liefern die Dekonstrukteure die begriffspolitische Expertise zur Zersetzung der als Quelle des Übels identifizierten Semantiken nationaler Souveränität. Die Open Socienty Foundations des Popper-Schülers, Finanzinvestors und Milliardärs Georges Soros beförderten das Offenheits- und Vielfalts-Apriori auf die Agenda der Nichtregierungsorganisationen und sorgten so für deren gesellschaftliche Transmission. Dabei ist Poppers unermüdliches Insistieren auf der Fehlbarkeit aller menschlichen Erkenntnisse und Entscheidungen eine willkommene Tarnung des zunehmend totalitären Charakters der aufgenötigten Offenheit und Grenzenlosigkeit.

In dem Maße, in dem es gelingt, die Matrix der Differenz zu etablieren und zu institutionalisieren, sinkt der Plausibilisierungs- und Legitimierungsaufwand bei der Durchsetzung der aus ihr abgeleiteten politischen Agenda. Die vor- und halbbewusst wirkende Matrix schafft eine Zone der Selbstevidenz und Fraglosigkeit, die diskursiven Zugriffen weitgehend entzogen ist. Sie modelliert den Diskurs, ohne dass ihr selbst begrifflich oder argumentativ beizukommen wäre. Die Parteinahme für Differenz und Vielfalt bedarf ebenso wenig einer Begründung wie das konzertierte Vorgehen gegen alle Erscheinungsformen der Identität, deren Beharrungskräfte gebrochen werden sollen. Beides versteht sich von selbst. Wer die unendliche Gerechtigkeit der Differenz vertritt oder sogar selbst verkörpert, muss sich nicht rechtfertigen.

Die postmoderne Linke machte aus ihrer Abneigung gegen die Gepflogenheiten des Diskurses, aus deren Rekonstruktion Jürgen Habermas das normative Fundament seiner kritischen Kommunikations- und Gesellschaftstheorie entwickelte, keinen Hehl. »Das postmoderne Wissen«, das »nicht allein das Instrument der Mächte« sei, »verfeinert unsere Sensibilität für die Unterschiede und verstärkt unsere Fähigkeit, das Inkommensurable zu ertragen«[181], schreibt Lyotard in seinem erstmals 1982 erschienenen, programmatischen Text, der zum Ausgangspunkt der weltweiten Debatte um die Postmoderne werden sollte. Es erstaunt nicht, dass der Verfechter einer zum Inkommensurablen aufgewerteten, unüberbrückbaren Verschiedenheit den im Diskurs hergestellten Konsens à la Habermas schlichtweg ablehnt: »Er tut der Heterogenität der Sprachspiele Gewalt an.«[182] Dies bedeutet, dass Debatten nur im Modus zugespitzter Meinungsverschiedenheit akzeptabel sind. Verständigung, als Überwindung der Verschiedenheit gedacht, wäre ebenso gewaltsam und letztlich totalitär wie jede Mehrheitsentscheidung und jede Form sozialer Übereinkunft. Die totalitären Züge dieses Antitotalitarismus treten hier offen zutage: Wer von Differenz durchdrungen ist, kann sich die Diskussion auch ganz ersparen. Dabei müssten die selbsternannten Anwälte des Heterogenen den zwanglosen Zwang des besseren Arguments gar nicht fürchten. Sie könnten sich die Generosität erlauben, den

Diskurs zu öffnen, eine gleichberechtigte Teilnahme und Teilhabe aller Beteiligten zu ermöglichen und die Habermasschen Voraussetzungen einer symmetrischen Sprechsituation zu erfüllen. Das ›Heterogene‹ wird durch keine Debatte gefährdet, weil die Matrix der Differenz das semantische Vorfeld der Diskurse längst beherrscht. Dort sind Ausschlussmechanismen wirksam, die vom vergleichsweise groben Raster der Universalpragmatik nicht erfasst werden. Die Matrix präformiert die Urteilsbildung lange vor dem Eintritt ins diskursive Stadium des Begründens und Argumentierens. Der zwanglose Zwang subtiler Frames und Narrative entscheidet darüber, was verhandelbar ist und was nicht.

Von den hier untersuchten Sprach- und Deutungsregimen ist die Matrix der Differenz die Formation mit dem größten semantischen Beharrungsvermögen. Ihre nachhaltige institutionelle Wirksamkeit verdankt sie der bereits erwähnten »Verwaltung der Metanoia«. Aus Sicht von Boris Groys ist die marxistische Dialektik, die nicht nur These und Antithese, sondern alle denkbaren, möglichen Sätze und Gegensätze einschließt, Prototyp einer solchen Metanoia. Die Unabschließbar- und Unüberbietbarkeit dieser Denkbewegung garantierte den Dialektikern des sowjetischen Staatsregimes eine dauerhafte Diskurshegemonie. Wer den Widerspruch selbst so weitgehend verinnerlicht und inkorporiert hat, muss ihn seinen Gegnern nicht mehr gestatten. Schließlich verkörpert er den zur Totalität entfalteten, letztgültig systematisierten und perfektionierten Widerspruchsgeist selbst.

Groys versteht den Sowjetkommunismus als Sprachregime und verwirklichte Philosophenherrschaft in platonischer Tradition. Diese Einschätzung ist insofern verkürzend, als die Ökonomie im real existierenden Sozialismus zwar von der Dynamik der Märkte und dem Steuerungsmedium Geld entkoppelt, dabei aber keineswegs versprachlicht wurde. Das System blieb auch nach der Abkehr vom Kapitalismus zuinnerst ökonomistisch. Sein Überlegenheits- und Herrschaftsanspruch gründete nicht auf Sprache, sondern auf dem Versprechen, eine unter kapitalistischen Bedingungen anarchische, ungezügelte Ökonomie der planenden Vernunft zu unterstellen und damit die Dysfunktionen der Märkte zu beseitigen. Auch die von Groys hervorgehobene Tendenz zum Paradoxon und zur unabschließbaren Denkbewegung war in den Regimen Lenins oder Stalins kaum auszumachen. Vielmehr mündete eine zunehmend paralysierte Dialektik in eine neue Orthodoxie und Dogmatik.

Viele der von Groys dem Sowjetsystem zugeschriebenen Diskursstrategien kennzeichnen mindestens so sehr das Programm der politischen Dekonstruktion. Die postmoderne Linke entledigt sich aller Restbestände marxistischer Orthodoxie, adaptiert und perfektioniert aber die dialektische Metanoia, der sie gleichzeitig nachweist, im Bannkreis des Logozentrismus und des Identitätsdenkens verblieben zu sein. Wer sich in abschließender Unabschließbarkeit an der gesamten Tradition abendländischer Rationalität abgearbeitet hat und sich zur Stimme aller ihrer Opfer macht, ist gegen jede Kritik immun. Er muss keinen Einwand mehr zulassen, weil er jeden Einwand, jedes Dementi in sich aufgenommen hat. Was nicht identifizierbar ist, das ist auch nicht kritisierbar.

AGENDA DER POLITISCHEN DEKONSTRUKTION

Die Matrix der Differenz exekutiert auf hochrangiger politischer Ebene die alternativlose, letztgültige Offenheit. »Diversity comes with challenges. But diversity is humanity's destiny«, sagte Frans Timmermans im Oktober 2015 beim First Annual Colloquium on Fundamental Rights. Weltweit werde sich keine Nation diesem Schicksal entziehen können, prognostizierte der damalige Erste Vizepräsident der EU-Kommission: »There is not going to be, even in the remotest places of this planet, a nation that will not see diversity in its future.«[183] Das von Timmermans aufgerufene Konzept der Diversität ist aus der Bürgerrechtsbewegung der USA hervorgegangen und war zunächst gegen die Diskriminierung der Schwarzen, später auch anderer benachteiligter Gruppen gerichtet. Das postmoderne Differenzdenken verlieh der Forderung nach gesellschaftlicher Diversität eine diskursive Unüberbietbarkeit, so wie umgekehrt das Konzept der Antidiskriminierung die philosophische Antikategorie der

»différance« gesellschafts- und politikfähig machte. Drei Jahre bevor Timmermans die Diversität zum unentrinnbaren globalen Schicksal erklärte, hatte Peter Sutherland, damals Sondergesandter für Migration der Vereinten Nationen, vor einem Ausschuss des britischen Oberhauses als Ziel ausgegeben, die Homogenität der EU-Mitgliedsstaaten zu unterminieren: »Many of us still nurse a sense of our homogeneity and difference from others, which is precisely what the European Union, in my view, should be doing its best to undermine.«[184]

Solche Sätze konnten nur deshalb zur politischen Agenda werden, weil sie durch die bereits etablierte Matrix gedeckt waren. Das im Hintergrund wirkende Deutungssystem hatte entscheidenden Anteil daran, dass diese Sätze trotz ihrer Abgründigkeit weitgehend unwidersprochen blieben und weder ihre Voraussetzungen und Implikationen noch ihre Folgen hinterfragt wurden. Es zeigt sich hier das Kontinuum zwischen tagespolitischen Verlautbarungen und dem bereits verankerten begrifflichen Bezugssystem der Differenz, welches den Rahmen des Sag- und Denkbaren vorgibt: Am Apodiktischen dieser Setzungen und an ihren uneingelösten Geltungsansprüchen nahm und nimmt niemand Anstoß, weil die Denkbewegung bereits so eingeschliffen ist, dass sie nicht mehr erneut vollzogen werden muss. Erst eine jahrzehntelange begriffliche Vorarbeit ermöglicht es, dass diese Forderungen mit einer solchen Selbstverständlichkeit vorgetragen werden können.

In diesen und ähnlichen Äußerungen, die nicht nur Parole, sondern auch Programm sind, wird sichtbar, dass sich der Eifer der Dekonstrukteure längst von den kanonischen Texten des abendländischen Denkens auf die Textur der westlichen Gesellschaften verlegt hat. Mit dieser Übersetzung in die soziale Praxis entkräften sie zugleich den lange gegen sie erhobenen Einwand, ein bloßes Glasperlenspiel ohne politische Wirkung und Relevanz zu betreiben. Wenn der Politikwissenschaftler Yascha Mounk in einem Interview davon sprach, »dass wir hier ein historisch einzigartiges Experiment wagen, und zwar eine monoethnische, monokulturelle Demokratie in eine multiethnische zu verwandeln«[185], dann ist dies als Fortsetzung der dekonstruktiven Lektüre mit den Mitteln der Politik zu verstehen. Der Übergang vom

Sprechen zum Handeln, vom Diskurs zur Praxis gelingt auch deshalb so bruch- und umstandslos, weil ein qualitativer Unterschied zwischen Sagen und Tun im performativen Sprachspiel der politischen Postmoderne genau besehen gar nicht besteht. Diskurs ist geronnene Macht, und Macht ist institutionalisierter Diskurs. Die politischen Dekonstrukteure bekämpfen, zumindest ihrem Selbstverständnis nach, ein Sprach- und Diskursregime, das mit den Institutionen untrennbar verwachsen ist. Und die Subversion dieses symbolischen Regimes, die sich in der und durch die Sprache vollzieht, etabliert im Namen der vorgeblichen ausgeschlossenen, verachteten und verfemten Differenz ein neues Diskursimperium mit institutionellem Anspruch. Dabei werden Destabilisierung und Subversion der Identität zum obersten politischen und gesellschaftlichen Gebot.

Spätestens hier zeigt sich, dass die Rede von »Dekonstruktion« in politischen Zusammenhängen auch eine euphemistische Tendenz hat. Es geht nicht darum, einer unterdrückten, verfemten Lesart durch das Abräumen entstellender oder ausschließender Diskurse Geltung zu verschaffen; es geht um die Zersetzung aller gesellschaftlichen und staatlichen Institutionen, in denen sich soziale Bindungskräfte entfalten und erneuern können. Die Objekte der politischen Dekonstruktion – Familie, Volk, Nation, Kultur und Geschlechtsidentität – erscheinen als willkürliche, exklusive und zudem gefährliche *Konstrukte*, die es mit emanzipatorischem Ziel aufzulösen, letztlich zu beseitigen gilt. Alles Überkommene, Altbewährte, Gewachsene ist aus dieser Perspektive ein mit Unterwerfungsabsicht in die Welt gesetztes, willkürliches Artefakt, das keinen Bestandsschutz und keine Legitimität für sich beanspruchen kann. Was über Jahrhunderte Loyalität verdiente und begründete, gilt nichts mehr und muss überwunden werden. Mit dem fortwährenden Hinweis auf die Konstruiertheit und Kontingenz der Begriffe und Institutionen, denen die Dekonstrukteure den Kampf ansagen, zerstreuen sie zugleich den Eindruck der Künstlichkeit und Illegitimität ihrer eigenen »queeren« Kopfgeburten.

Der Preis der einebnenden Diversifizierung ist hoch: Mit den gewachsenen Üblichkeiten und lebensweltlichen Orientierungen werden Handlungs- und Kommunikationsroutinen zerstört, wird soziales und kulturelles Kapital vernichtet.[186] Die dekonstruierten Gesellschaften verlieren in der Folge nicht nur ihre Widerstandskraft gegen die Ökonomisierung aller Lebensbereiche, sondern begegnen auch den Machtansprüchen vormoderner Identitätskonzepte mit ungebrochenen kulturellen Bindungskräften zunehmend rat- und wehrlos. Zusätzlich unter Druck geraten sie dadurch, dass der Antiessentialismus der politischen Dekonstruktion mit einem punktuellen, selektiven Essentialismus einhergeht. Identität steht unter dem Generalverdacht der Differenzdenker, aber die Identitäten von Minderheiten sind zu achten, zu schützen und zu stärken. Mehr noch: Die gehegten und gepflegten kulturellen Minoritäten werden geradezu gegen die Mehrheitsgesellschaft und ihre Normen in Stellung gebracht. Dahinter steht das Kalkül, dass die Identitätspflege im Kleinen zersetzend wirkt und somit zum Katalysator der Identitätsdiffusion im Großen wird. Selbst der von Inklusion, Gendertheorie und Poststrukturalismus nicht einmal entfernt angekränkelte politische Islam wird in das Programm der politischen, sozialen und kulturellen Dekonstruktion eingespannt. Dabei ist unübersehbar, dass das Interesse an den Minoritäten ein rein strategisches, instrumentelles ist. Die Antidiskriminierung, die mit dem Versprechen antritt, Minderheiten zu schützen und für Unterschiede zu sensibilisieren, schlägt in ihr Gegenteil um: Wenn Nationen, Kulturen und Geschlechteridentitäten lediglich soziale Konstruktionen oder kontingente Zuschreibungen sind, dann erübrigt, ja verbietet es sich, von Unterschieden auszugehen. Das Differenzdenken mündet in eine Gleichmacherei, die in ihrer Konsequenz und in ihrem Rigorismus jeden identitätsphilosophischen Ansatz weit übertrifft, wie die oben zitierte Äußerung Sutherlands enthüllt. Im Namen der Diversität soll nicht nur die toxische Homogenität der Nationen unterminiert werden; getilgt werden soll auch ihr Bewusstsein der Verschiedenheit und Unverwechselbarkeit.[187] Wenn dies gelingt, kann sich ein Wir nicht einmal mehr in einer gemeinsamen Verlusterfahrung herausbilden.

BEWEGLICHE HEERE

Der Schlüssel zur fortdauernden Hegemonie der Differenz ist Sprache. Sie ist nicht nur Kampfzone und Schlachtfeld, sondern auch die Armada, die sich auf dem Feld bewegt. Sprache konnte dies werden, nachdem sie Ende des 19. Jahrhunderts alle Wahrheits- und Erkenntnisansprüche preisgegeben hatte. Für Friedrich Nietzsche ist »Wahrheit« nichts als ein »bewegliches Heer von Metaphern, Metonymien, Anthropomorphismen«[188]. Der Philosoph Richard Rorty, Vertreter eines postmodernen Pragmatismus, untermauert mit dieser Bemerkung Nietzsches seine These von der grundsätzlichen Kontingenz der Sprache, die sich ebenso wenig als Darstellungs- wie als Ausdrucksmedium eigne. Sprache bezieht sich laut Rorty weder auf die Welt noch auf das Ich, zumindest nicht im Sinn der Kongruenz: »Da Wahrheit eine Eigenschaft von Sätzen ist, da die Existenz von Sätzen abhängig von Vokabularen ist und da Vokabulare von Menschen gemacht werden, gilt dasselbe für Wahrheiten.«[189]

Sprache korrespondiert weder mit der äußeren noch mit der inneren Realität. Folglich muss sich ein Satz auch nicht mehr daran messen lassen, ob und inwieweit er einem Sachverhalt entspricht. In einem exakten Sinn kann Sprache der Wirklichkeit schon deshalb nicht entsprechen, weil es kein objektives, außersprachliches Kriterium für eine solche Korrespondenz gibt. Von einer Relation der Entsprechung auszugehen, wäre ein Denkfehler, der seinerseits von der Sprache provoziert wurde. Wahrheit selbst ist eine sprachliche Suggestion, ein rhetorischer Effekt. Die Geschichte des menschlichen Wissens ist deshalb für Rorty auch keine Geschichte einer immer exakteren Darstellung der Welt, sondern eine letztlich kontingente Abfolge von Leitmetaphern und dominanten Sprachspielen.

Die Entkopplung der Sprache und des Sprechens von Wahrheits- und Wahrhaftigkeitsverpflichtungen kommt einem politischen Diskurs und einer sprachpolitischen Praxis entgegen, die Wahrheiten für dehnbar und flexibel, letztlich für *machbar* halten. Wahrheit ist der *Spin*, den der Sprecher seinen Worten verleiht. Die Abfolge der Vokabulare und Leitmetaphern ist zwar kontingent, aber keinesfalls naturwüchsig. Welche Sprachspiele und Metaphern den jeweiligen Diskurs dominieren, muss nicht dem Zufall überlassen bleiben. Man kann der Wahrheit auf die Sprünge helfen und das »Heer« der Metaphern befehligen. Man kann es für eigene Zwecke und Ziele ins Feld führen. Hier liegt der Ursprung aller postfaktischen Diskurse und Wahrheitssysteme: Diese lassen sich auf den metaphorischen Konstruktivismus Nietzsches zurückführen, auch wenn die heutigen Virtuosen des Postfaktischen auf der Seite der postmodernen Linken glauben machen wollen, das postfaktische Zeitalter habe erst mit Donald Trumps Präsidentschaft begonnen. Ein Zug im postfaktischen Sprachspiel ist die Projektion des eigenen Verfahrens auf den Gegner.

Die Betonung der Kontingenz und Erkenntnisuntauglichkeit der Sprache führt keineswegs zu ihrer Entwertung. Vielmehr geht die Entwertung als Erkenntnismedium mit einer beispiellosen Ermächtigung der Sprache einher, was in der Gendertheorie deutlich wird, in der die performative Macht der Worte sogar über die Biologie der Geschlechter triumphiert. Sprache eignet sich nicht zur Darstellung der Wahrheit, aber sehr wohl zur Formierung der Wahrnehmung und zur Konfektionierung dessen, was für wahr gehalten wird. Die Postmoderne, die an Nietzsches Sprachdenken anknüpft, hat die Beweglich- und Schlagkräftigkeit des multiplen Metaphernheers weiter gesteigert. Für Peter Sloterdijk ist Derrida ein »radikaler Partisan der Nicht-Einseitigkeit«[190]. Als solcher wurde er in den Dienst genommen, um in der geschlossenen Formation der regulären Truppen zu kämpfen und die Einseitigkeit der hegemonialen Differenz zu verteidigen.

Auch Foucault leistete einen Beitrag zur Mobilisierung. Seine Diskursanalyse untersucht, in den Worten des Soziologen Axel Honneth, »die diskontinuierliche Abfolge an sich unbegründeter Zeichenordnungen [...], die den Menschen in den semantischen Rahmen einer bestimmten Weltauslegung zwängen«.[191] Vordergründig zielt die Diskursanalyse darauf, die folgenschweren Verwicklungen von Sprache und Macht aufzudecken. Hinter den Kulissen der Machtkritik geht es jedoch immer auch um die Ermächtigung des eigenen, vorgeblich nichtrepressiven und emanzipatorischen Diskurses. Nebenbei liefert Foucault mit seiner Diskursanalyse das Wissen über das politische Framing, auf welches die postmoderne Linke gerne zurückgreift. Die Matrix der Differenz bedient sich der Metanoia der Dekonstruktion und nutzt ihr Reflexionsniveau. Zugleich aber wirkt sie auch auf der Ebene einer im alltäglichen Sprachgebrauch sedimentierten, unbewusst verwendeten Metaphorik. Um deren latente Wirkung zu verstehen, muss man die dekonstruktiven Diskursroutinen entschlüsseln, die das Sprachregime gegen Widerspruch abschirmen.

Der Wahrheitsbegriff wird einerseits zur äußersten Elastizität gelockert, andererseits werden die eigenen Wahrheiten zur Festung ausgebaut und bedingungslos verteidigt. Dieses Nebeneinander von Flexibilität und Panzerung führt zu Debattenverläufen, die vor dem Zeitalter der politischen Postmoderne undenkbar gewesen wären. Im Dezember 2018 reagierte der österreichische Schriftsteller Robert Menasse auf den gegen ihn erhobenen Vorwurf, in einem politischen Manifest für ein postnationales Europa Zitate des Politikers Walter Hallstein, des ersten Vorsitzenden der Europäischen Wirtschaftsgemeinschaft (EWG), erfunden zu haben. Menasse räumte zwar ein, Hallstein fingierte Aussagen wie »Die Abschaffung der Nation ist die europäische Idee!« in den Mund gelegt und damit gegen wissenschaftliche wie journalistische Standards verstoßen zu haben. Noch im selben Atemzug stellte er aber diese Maßstäbe selbst in Frage und ging in die Offensive: »Was kümmert mich das ›Wörtliche‹, wenn es um den Sinn geht.«[192]

Der Romanautor konnte sich in diesem Fall aber nicht auf dichterische Freiheiten berufen, denn es handelte sich bei dem gemeinsam mit der Politikwissenschaftlerin Ulrike Guérot verfassten Text unter der Überschrift »Es lebe die europäische Republik« um keine Fiktion, sondern einen Debattenbeitrag, der in Reden, Artikeln und Büchern aufgegriffen wurde, also Eingang in den politischen Diskurs fand. Menasse rechtfertigte seine verbale Falschmünzerei als Methode oder genauer: als Antimethode, wobei er sich auf den Philosophen Paul Feyerabend, dessen anarchistische Wissenschaftstheorie und Prinzip der »Kontraindikation« berief. »Wir müssen ein neues

Begriffssystem erfinden, das den besten Beobachtungsergebnissen widerspricht, die einleuchtendsten theoretischen Grundsätze außer Kraft setzt und Wahrnehmungen einführt, die nicht in die bestehende Wahrnehmungswelt passen«,[193] postulierte Feyerabend. Eine solche Hypothesenbildung, welche den empirischen Befund nicht nur ignoriert, sondern sich ganz bewusst gegen experimentelle Ergebnisse und anerkannte Tatsachen stellt, übertrug Menasse in seiner Verteidigung kurzerhand auf die Historiographie. So ließ er Hallstein beispielsweise eine Rede in Auschwitz halten, die erwiesenermaßen dort nicht stattgefunden hat und wegen der Situation im Kalten Krieg undenkbar gewesen wäre. Die Flexibilisierung des Wahrheitsbegriffs mündet in seine Suspendierung. Unterschiede zwischen wissenschaftlichen Theorien und Mythen werden eingeebnet. Diese Entwicklung ist in Nietzsches Metapherntheorie und deren postmodernen Auslegungen vorgezeichnet. Menasses Einlassungen zeigen das »bewegliche Heer« im Stadium der finalen Mobilmachungen.

Noch bemerkenswerter als die postmoderne Epistemologie, die der Autor als Alibi nutzt, ist ihr direkter Transfer in die politische Praxis. Dabei wird deutlich, dass der methodologische Anarchismus hochgradig selektiv verfährt: Die gering geschätzte, ja verachtete Wörtlichkeit des Zitats ist als Autoritätslieferant willkommen, solange sie die eigene Agenda einer Dekonstruktion der europäischen Nationalstaaten befördert. Leistet sie dies nicht, wird das sperrige Fundstück unter Berufung auf einen höheren, eigentlichen ›Sinn‹ passend gemacht: »Wenn ich also Walter Hallstein als Kronzeugen für die vernünftigerweise bewusst gestaltete nachnationale Entwicklung Europas brauche, dann lasse ich ihn das sagen, auch wenn es nicht den einen zitablen Satz von ihm gibt, in dem er das sagt – aber doch hat er es gesagt!«[194]

Die Flexibilität und Beweglichkeit beziehen sich indes nur auf die Wahl der Mittel, nicht auf den Zweck selbst. Die postidentitäre und postnationale Matrix, der ein solches Wahrheits-Tuning dient, erlaubt keinen Deutungsspielraum. Sie ist der dogmatische Kern und zugleich der blinde Fleck der methodischen Anarchie, die sich über alle Rationalitätsstandards hinwegsetzen zu können glaubt. In den Umsiedlungs- und Neuansiedlungsfantasien von Menasse und Guérot, in denen die Dekonstruktion handgreiflich wird, zeigt der vorgeblich spielerische Anarchismus des »Anything goes« sein wahres Gesicht: »Wie wäre es, wenn Flüchtlinge in Europa Bauland zugewiesen bekämen, benachbart zu den europäischen Städten, aber in einem Abstand, der die Andersartigkeit wahrt.«[195] Wenn sich die politischen Dekonstrukteure in Diktatorenmanier über die Landkarte beugen, werden statt der Texte und historischen Quellen die Völker zur beliebigen Manövriermasse. »So entstehen Neu-Damaskus und Neu-Aleppo, Neu-Madaya inmitten von Europa. Oder auch Neu-Diyarbakir oder Neu-Erbil und Neu-Dohuk für die kurdischen Flüchtlinge.«[196]

VIELFALTS-DRESSUR

Die Matrix ist nicht nur Munition im Kampf gegen alle Verteidiger des Eigenen, sondern dient auch der Selbstverständigung des linksliberalen Juste Milieus. Symptomatisch für den affirmativen, ja staatstragenden Charakter der politischen Dekonstruktion ist eine Szene in der Frankfurter Paulskirche am 23. Oktober 2016. In Anwesenheit des damaligen Bundespräsidenten Joachim Gauck und zahlreicher weiterer Honoratioren aus Politik und Kultur nahm die Publizistin und Genderaktivistin Carolin Emcke den Friedenspreis des Deutschen Buchhandels entgegen. Geehrt, gefeiert und ausgezeichnet wurde die systemkonforme Subversion.

Die Matrix spricht, und sie ist Fleisch geworden. Die rhetorische Selbstdiversifizierung der gesellschaftlichen Eliten im »Wir« der Rede ist zugleich die Selbstvergewisserung, auf der richtigen Seite der Geschichte und der aktuellen Ereignisse zu stehen. Der Subtext der Rede ist die Rechtfertigung der Grenzöffnung von 2015 als bereichernde Vervielfältigung. Wer selbst die Vielfalt inkarniert, findet Einfalt nur auf der mit einem abschätzigen »Sie« markierten Gegenseite. Dort wütet der Hass der Homogenisierer: »Sie wollen all die Gleichzeitigkeiten von Bezügen, die uns gehören und in die wir gehören, dieses Miteinander und Durcheinander aus Religionen, Herkünften, Praktiken und Gewohnheiten, Körperlichkeiten und Sexualitäten vereinheitlichen.«[197]

Im Rausch des gesellschaftlichen Plurals, als dessen Stimme sich die Rednerin versteht, entgeht ihr, dass sie die Sortierung nach Identität und Differenz, die sie den Populisten der Reinheit vorwirft, selbst mit Übereifer betreibt. Am Schluss der Rede, die kaum einen Topos der Buntheit auslässt, steht das Plädoyer für eine Vielfalt, die mit einer Stimme sprechen möge:

> »Eine demokratische Geschichte erzählen alle. Nicht nur die professionellen Erzählerinnen und Erzähler. Da ist jede und jeder relevant, alte Menschen und junge, die mit Arbeit und die ohne, die mit mehr und die mit weniger Bildung, Dragqueens und Pastoren, Unternehmerinnen oder Offiziere, jede und jeder ist wichtig, um eine Geschichte zu erzählen, in der alle angesprochen und sichtbar werden. Dafür stehen Eltern und Großeltern ein, daran arbeiten Erzieher und Lehrerinnen in den Kindergärten und Schulen, dabei zählen Polizistinnen und Sozialarbeiter sowie Clubbesitzer und Türsteher. Diese demokratische Geschichte eines offenen, pluralen Wir braucht Bilder und Vorbilder, auf den Ämtern und Behörden ebenso wie in den Theatern und Filmen – damit sie uns zeigen und erinnern, was und wer wir sein können.«[198]

Hier wird Offenheit zum Imperativ. Im Namen der Vielfalt, so wird suggeriert, ist Gleichschaltung nicht nur erlaubt, sondern geradezu geboten. Die Preisträgerin bemerkt nicht oder will nicht bemerken, wie sehr sie – auch buchstäblich – offene Türen einrennt. Die Differenz ist nicht nur im Establishment angekommen, sie verfugt es auch und hält es zusammen. Das Schibboleth der LGBT ist zum Zeitpunkt der Rede längst offizielle Losung und Staatsdoktrin.

Der Durchdringungsgrad, den die Preisträgerin anstrebt und beschwört, übertrifft den des Jargons der Eigentlichkeit, den Adorno in den 1960er Jahren sezierte, bei weitem. Aber auch dieser erstreckte sich, nach Adornos Beobachtung, »von der Philosophie und Theologie nicht bloß Evangelischer Akademien über die Pädagogik, über Volkshochschulen und Jugendbünde bis zur gehobenen Redeweise von Deputierten aus Wirtschaft und Verwaltung«[199], erfasste also wesentliche gesellschaftliche Gruppen und Institutionen. Wie der

Jargon jener Jahre, der sich in Begriffen wie Anliegen, Auftrag, Begegnung oder Bindung manifestierte und sprachliche Anleihen bei der Existenzphilosophie nahm, unterläuft das zeitgenössische Sprachregime diskursive Standards, ohne dass dies als Verstoß beanstandet oder auch nur kenntlich würde. Auch die Phraseologie der Vielfalt sorgt dafür, dass das, was sie »möchte, in weitem Maß ohne Rücksicht auf den Inhalt der Worte gespürt und akzeptiert wird durch ihren Vortrag«.[200] Trotz dieser Parallelen wäre es verfehlt, das Sprachregime der Differenz als Neuauflage des Jargons der Eigentlichkeit oder dessen Umkehrung in den Blick zu nehmen. Eine solche Analyse würde dem performativen Charakter der heutigen Diskursformationen nicht gerecht. Der salbungsvolle Ton, dessen Hohlheit Adorno entlarvt, setzt auf die Evokationskraft großer Worte. Er zielt auf Überhöhung, künstliche Entbanalisierung und die Verschleierung partikularer Interessen, etwa wenn von Wohnungsnot heideggerisierend in Kategorien bergender Räume und metaphysischer Unbehaustheit gesprochen wird. Auch der gegenwärtige Differenzdiskurs kaschiert handfeste ökonomische Interessen, aber mit dem ideologiekritischen Besteck allein ist ihm nicht mehr beizukommen. Die Ideen sind auf eine Weise mit Interessen vermengt und amalgamiert, dass sich partikularistische und universalistische Motive kaum mehr voneinander unterscheiden lassen. Entgrenzung ist gleichermaßen kulturelles wie wirtschaftliches Desiderat. Und vom angestrebten Differenzgewinn verspricht man sich sowohl eine symbolische und moralische als auch ökonomische Rendite.[201]

Als Matrix verstanden, reicht das Sprachregime, das Wahrheitssystem der Differenz, weiter, als es ein Jargon je vermöchte. Es unterstützt und befördert nicht nur eine Agenda, sondern bildet seine eigene aus. Es steuert und limitiert nicht nur die Debatte, sondern *ist* selbst der Raum des Sagbaren, durchdringt nicht nur die Institutionen, sondern institutionalisiert sich selbst. Es vollzieht, was es sagt, und sagt, was es vollzieht. Es ist ausschließlich, ohne ein Außen zuzulassen. Dabei nimmt es nicht selten regulatorischen Charakter und sogar Gesetzesform an, wie sich unter anderem in der Politik der Antidiskriminierung und der Verfolgung der sogenannten Hassrede zeigt.

Die Philosophin Judith Butler spricht von einer »heterosexuellen Matrix«[202] und versteht darunter die Gesamtheit der Diskurse und kulturellen Praktiken, die den Dualismus heterosexueller Geschlechtsidentitäten herstellt, normativ auflädt, verfestigt und immer wieder erneuert. Um das rigide System dieser Matrix aufzubrechen, plädiert sie für eine Strategie der Subversion und parodistischen Vervielfältigung, welche »die Geschlechter-Binarität in Verwirrung bringt und ihre grundlegende Unnatürlichkeit enthüllt«.[203] Im Namen der Subversion des okzidentalen, heterosexuellen, identitären Diskurssystems hat sich längst eine Matrix mit umgekehrten, also ›queeren‹ und antiidentitären Vorzeichen etabliert. Dabei drängt sich der Eindruck auf, dass die Erkenntnisse über die Wirkungsweise und Ausschlussmechanismen der phallo- und logozentrischen Matrix auch und vor allem der Vervollkommnung des eigenen Sprachregimes dienen. Dies bedeutet zugleich, dass sich Butlers Ausführungen zur Matrix als treffendste Beschreibung des längst nicht mehr nur parodistischen Diskursimperiums ihrer politischen Adepten lesen lassen.

Die performative Macht der Sprache, die das genetische Geschlecht in den Hintergrund treten lässt, ist eine kollektive Suggestion und sich selbst erfüllende Prophezeiung. Zugleich ist sie eine Sprachmagie von kalter Rationalität und bürokratischer Gründlichkeit: Kein Geschlecht sei, wo das Wort gebricht. Das Sprachspiel der postmodernen Linken ist kein Spiel im unbefangen-kindlichen oder ästhetischen Sinn, sondern – wie in anderen Zusammenhängen bei Wittgenstein beschrieben – Abrichtung, Dressur.[204] Dieses Sprachspiel erschafft sich eine Lebensform stählerner Beliebigkeit.

Ein Beispiel für die dekonstruktive Praxis ist das in Schweden eingeführte geschlechtsneutrale Fürwort »hen«, das 2015 Einzug in das *Wörterbuch der Schwedischen Akademie* fand. Neben »hon« (sie) und »han« (er) ergänzt es das Pronominalsystem der dritten Person Singular. Anders als das deutsche »es« oder »man« bezeichnet es ein Individuum, ohne dessen Geschlecht zu nennen. Es wird als Bezeichnung für transsexuelle Personen verwendet und fungiert in Fällen, in denen das Geschlecht unbekannt und nicht erheblich ist, als Platzhalter. In einigen schwedischen Kindergärten und Vorschulen dient es als geschlechtsneutrale Anrede, die eine Festlegung auf Geschlechterrollen verhindern soll, und damit auch als Erziehungsinstrument. Verlage und Autoren lassen das Geschlecht ihrer Kinderbuchhelden mit Hilfe von »hen« bewusst offen. Aus der dekonstruktiven Absicht, die Zweigeschlechtlichkeit kategorial zu unterlaufen, machen sie keinen Hehl. Dass die Unterschiedslosigkeit auch jene Differenz auslöscht, die sie ermöglichen soll, scheint sie nicht zu stören. Für die desorientierten Seelen, die systematisch über sich im Unklaren gelassen werden, ist das Selbst tatsächlich nur ein Gerücht, eine Fiktion. So erfüllt sich im libertären Drill der sprachgesteuerten Institutionen die Prophezeiung der Konstruierbarkeit des Subjekts.

Das Adjektiv »divers« oder »diverse«, als Synonym für »verschiedene« oder »mehrere«, hatte lange Zeit keinen besonders guten Klang. Was sich nicht kategorisieren ließ, war das Übriggebliebene, der unbestimmbare Rest, das »Sonstige« in Fragebögen, Auswertungen und Statistiken. Im Jargon der DDR-Kommunisten war der »Diversant« der Störer und Saboteur. Mit der Postmoderne begann die Überhöhung des Nichtkategorisierbaren, die im heutigen Diversity-Kult kulminiert. Jetzt ist jede kategoriale Ordnung zum Problem geworden, während gleichzeitig alles, was sich ihr entzieht, sogar von Amts wegen höchste Beachtung verdient. Die Subversion der binären Ordnung, ehemals ein Projekt literarisierender Dekonstrukteure, wurde höchstrichterlich bestätigt, ist Verwaltungspraxis geworden und in den Personenstandsregistern angekommen.

Das Sprachregime der Differenz erspart sich den Umweg über das Bewusstsein und wählt den kürzesten Weg zur Institutionalisierung. Dekonstruktion wird mit behördlicher Pedanterie als Amtshandlung *durchgeführt*, wie auch das Beispiel der Stadt Hannover zeigt, die 2019 Empfehlungen für eine geschlechtergerechte Verwaltungssprache herausgab und dabei unter anderem die Verwendung des »Gendersternchens« vorschrieb. »Das Sternchen * zwischen der maskulinen und femininen Endung soll in der Schriftsprache als Darstellungsmittel aller sozialen Geschlechter und Geschlechtsidentitäten dienen und hebt gezielt den Geschlechterdualismus auf«,[205] teilte die Stadtverwaltung mit. Auch die Installation dritter Toiletten für »Diverse« ist als behördliche Fortsetzung jener Offensive gegen die Ausschließlichkeit binärer Zuschreibungen und Oppositionen zu verstehen, die einst auf der Textebene begonnen wurde.

Lübeck, die Geburtsstadt Thomas Manns, zog wenige Monate später mit einer fast identischen Begründung nach, verordnete aber statt des Sternchens den sogenannten »Genderdoppelpunkt« vor der weiblichen Endung. »Ziel ist es, den Geschlechterdualismus aufzuheben«[206], heißt es wortgleich in der Pressemitteilung der Hansestadt. Das Satzzeichen, das syntaktische und gedankliche Verbindungen darstellt, Spannungsverhältnisse zwischen Erwartung und Erfüllung zum Ausdruck bringt, wird als dekonstruktives Häckselwerk missbraucht. Diese Umwandlung der Interpunktion entstellt, zersetzt und zerstückelt den Sprachgedanken bereits auf der Wortebene, statt ihn in und zwischen den Sätzen zu gliedern. Es geht der Behörde, die zur Dekonstruktions-Bürokratie mutiert, nicht mehr um Sinn, nicht einmal mehr um dessen Behauptung und Prätention; es geht um Abrichtung, Vielfalts-Dressur und die Demonstration der Macht, die den Unsinn diktieren und kurzerhand zum verbindlichen System erklären kann. Die politische Dekonstruktion zielt nicht nur auf Bestände wie »Familie«, »Volk« und »Nation«, sondern auf die Sprache selbst, die nationale Universalie, deren Eigensinn unter dem Vorwand der Geschlechtergerechtigkeit gebrochen, deren Ausdrucksvermögen vernichtet werden soll. Ziel eines so verstandenen Sprachregimes ist es, jeden sprachlichen Ausdruck jenseits der Sprachregelung zu unterdrücken, also sich selbst zu totalisieren. Karl Kraus, der sich beklagte, dass in Zeiten des Sprachzerfalls auch der Satzbau kein Obdach mehr gewährt, schrieb in dem Gedicht »Abenteuer der Arbeit«: »[...] ein Doppelpunkt lässt schauen / in eines Abgrunds Tiefe!«.[207] Dass dieser Abgrund dereinst so tief und unüberwindlich sein würde, konnte nicht einmal der Autor der *Fackel* ahnen.

NEUE UNÜBERSICHTLICHKEIT

Nach dem Wahlsieg von Donald Trump im Jahr 2016 sahen die Feuilletons die postmoderne Linke in der Defensive. Mit ihrem Relativismus, Konstruktivismus und Antirealismus habe sie sich nicht nur mit dem Neoliberalismus und Globalismus gemeingemacht, sondern gleichzeitig auch einem postfaktischen Populismus das Feld bereitet, lautete die Kritik.[208] Die kulturalistische und identitätspolitische Linke habe zudem das Vokabular, mit dem prekäre materielle Lebensbedingungen und ungerechte Eigentumsverhältnisse analysiert werden könnten, zersetzt und das normative Fundament ihrer kritischen Interventionen untergraben. Die politische Dekonstruktion habe nicht nur die Positionen des Gegners, sondern auch die eigenen Begriffsbestände zerstört und das linke Lager insgesamt gelähmt.[209] Dieser Befund ist insofern zutreffend, als sich die postmoderne Linke tatsächlich weitgehend vom ökonomischen Paradigma verabschiedet und ideologisch entkernt hat. Aber dies geschah nicht aus freiem Entschluss, sondern in einer historischen Situation, in der ihre Symbolbestände ohnehin verbraucht oder diskreditiert waren. Mit ihrer neuen sprach- und identitätspolitischen Ausrichtung, bei der Postmoderne und Dekonstruktion Pate standen, gelangte die Linke aus einer schier ausweglosen Situation heraus wieder in die Offensive. Sie konnte aus den symbolisch-kategorialen Trümmern der marxistischen Linken ein neues Diskursimperium errichten, das dem Machtanspruch der »großen Erzählungen« in nichts nachsteht.

Die Hegemonen wurden herausgefordert, aber keineswegs gestürzt. Trotz verstärkter Attacken kann sich ihr Sprachregime im politisch-medialen Komplex behaupten. Auch deshalb, weil die Matrix der Differenz so weit mit den Institutionen verwachsen ist, dass sie nicht einmal mehr überzeugen muss, um ihre Herrschaft zu verteidigen und zu reproduzieren. Sie ist längst so gefestigt, dass der konsensuelle Anteil kultureller Hegemonie, den Gramsci für unverzichtbar hielt, entbehrlich erscheint.

Obwohl sich die Matrix nach den Erschütterungen von 2016 konsolidieren konnte, verstummte die Kritik an den identitätspolitischen Surrogaten innerhalb der Linken nicht. »Weltoffenheit, Antirassismus und Minderheitenschutz sind das Wohlfühl-Label, um rüde Umverteilung von unten nach oben zu kaschieren und ihren Nutznießern ein gutes Gewissen zu bereiten«[210], schrieb die Linke-Politikerin Sahra Wagenknecht im Juni 2018. Die deutschen

Sozialismus- und Enteignungsdebatten nebst Mietendeckel-Experimenten seit 2019 sowie die zunehmend antikapitalistische Rhetorik der Klimabewegung (»burn capitalism, not coal«) lassen sich als Versuche einer Wiederaneignung der zuvor als Ballast zurückgelassenen Begrifflichkeit verstehen. Bei einigen Linken setzt sich offenbar die Erkenntnis durch, dass die Metanoia der Differenz, auf der die kulturelle und diskursive Hegemonie gründet, einer ökonomischen Krise mit erheblichen sozialen Verwerfungen nicht standhalten würde. Deshalb wechselt man eiligst das Paradigma und staffiert den alten, westlichen, weißen, heterosexuellen Mann als Charaktermaske des Kapitals aus. Dies geschieht vor allem in der Hoffnung, ihn als Schuldigen für den wirtschaftlichen Zusammenbruch präsentieren und so von der eigenen Verantwortung ablenken zu können.

Das Scheitern der von Sahra Wagenknecht und Bernd Stegemann ins Leben gerufenen Bewegung Aufstehen kann als zumindest vorläufiger Beleg dafür gelten, dass sich das verlorene Terrain kaum im Handstreich zurückerobern lässt. Überdies könnte der Preis für die Wiederaneignung ein Schisma sein, da die neue alte Linke der identitätspolitischen Lifestyle-Linken ins Gehege kommt. Erste Spaltungstendenzen sind auch innerhalb der identitätspolitischen Fraktion erkennbar: Wenn die besonders in Frankreich aktive Bewegung der »Dekolonisation« Feminismus, Gender-Theorie und LGBT-Bewegung als weiß und kolonialistisch brandmarkt, dann spricht dies für eine fortschreitende ideologische Segregation. Aus Sicht der Linken besteht die Gefahr, dass das Differenzdenken fortwährend neue Fronten eröffnet – auch und gerade gegen die früheren Verbündeten.

Ein weiterer Konflikt mit sprachpolitischen Implikationen zeichnet sich zwischen einer sozialpolitischen Linken, die am Zusammenhang zwischen Sozial- und Nationalstaat festhält, und global ausgerichteten Klimarettungs- und Protestbewegungen ab. Diese befinden sich auch deshalb in der Offensive, weil sie über ein anziehendes, mobilisierendes Narrativ verfügen und die diskursiven Vorteile einer universalistischen Metanoia ausspielen können, während jene um eine Positionsbestimmung, eine Definition des Eigenen nicht umhinkommt und mit ähnlichen Schwierigkeiten zu kämpfen hat wie die konservativen

»Somewheres«. Nicht auszuschließen ist indes, dass es der Linken gelingen könnte, heterogene Elemente wie Identitätspolitik, Moralismus und einen zumindest rhetorischen Antikapitalismus in synkretistischer Weise in einem gemeinsamen Narrativ zu vereinen. Ansätze dazu zeichnen sich in Teilen der Klimabewegung ab.

Trotz der Erfolge des rechten Populismus bleibt auch die begriffsstrategische Lage des Konservatismus hochgradig prekär. Als Fürsprecher der Identität findet er sich in der Rolle des Dissidenten wieder, die ihm nicht behagt. Das Partisanentum liegt ihm ebenso wenig wie die subversive Aktion. Zudem kann kein Waldgänger der Matrix entrinnen. Die politische Rechte konnte ihre Erfolge nicht etwa mit der konservativen Agenda einer Bewahrung des Bewährten, sondern mit einer Kopie jener dekonstruktiven Sprachpolitik erringen, welche die postmoderne Linke entwickelt und perfektioniert hatte. Sie hat die Linke also mit deren eigenen Waffen geschlagen, was auch die Heftigkeit der Abwehrreaktionen des getroffenen linksliberalen Establishments erklärt.

Der Nietzscheaner Steve Bannon, früherer Berater und Chefstratege von US-Präsident Donald Trump, sprach im Februar 2017 auf der Conservative Political Action Conference von der »Dekonstruktion des administrativen Staates«, benutzte also ganz bewusst den Terminus Derridas und verlieh ihm eine politische Stoßrichtung, die seinen Gegnern allzu vertraut sein musste. Kellyanne Conway, ebenfalls aus Trumps Beraterstab, verwendete im Januar 2017 gegenüber dem Fernsehsender NBC den Begriff »alternative Fakten«. Die Äußerung, die sich beinahe wie eine Parodie des postmodernen Antirealismus ausnimmt, bezog sich auf den Streit um die Größe des Publikums bei Trumps Amtseinführung vor dem Kapitol. Jenseits der provokativen Wirkung dieser feindlichen Übernahme könnten sich solche propagandistischen Erfolge als Pyrrhussiege erweisen: Auf mittlere und lange Sicht bestätigen, affirmieren diese Sprachspiele die Matrix des Gegners, die sie zu unterlaufen vorgeben. Sie legen sogar den Verdacht nahe, dass die politische Dekonstruktion ihr Werk auf der Seite ihrer Opponenten vollenden könnte. Denkbar ist auch, dass aus solchen Positionen ein Scheinkonservatismus hervorgeht, der sich der Topoi der »Somewheres« nur bedient, um eine letztlich globalistische Agenda zu bemänteln und den Widerstand dagegen für die eigenen Zwecke zu kanalisieren.

Eine erkenntnistheoretische, politische und kulturelle Rehabilitierung von Kategorien wie Ort, Territorialität, Homogenität oder Identität, die sich ein langfristig angelegtes konservatives Projekt vornehmen müsste, ist innerhalb des dekonstruktiven Sprachspiels aussichtslos. Anders als die postmoderne Linke vermag die Rechte die Preisgabe ihrer eigenen Identität nicht einmal dem Anschein nach in einen Erfolg umzumünzen. Wenn jemand auf der Unverhandelbarkeit der eigenen Bestände bestehen muss, dann sie. An der Installation einer Matrix der Identität, die das Negativ des Negativs wäre, kann ihr nicht gelegen sein.

Die Dekonstruktion folgt einem Programm der Destabilisierung von Bedeutungen und Zusammenhängen, das sich längst verselbstständigt hat. Hinter der vorgeblichen Geschlossenheit, Einheitlichkeit und Eindeutigkeit legt die dekonstruktive Lektüre ein anarchisches Spiel der Differenzen frei, auf deren Gängelung und Unterdrückung die Fassade der Totalität aufbaut. Diese Praxis der Destabilisierung, die als Antihermeneutik kultiviert wurde, übertrugen die Dekonstrukteure im Eifer der Politisierung und mit dem Pathos der Befreiung und Entgrenzung auf alle Konzepte der Subjektivität, der Personalität, des Geschlechts und der Gesellschaft. Die Dekonstruktion wurde handgreiflich und in der Matrix der Differenz auf Dauer gestellt. Diese verdeckt die keineswegs nur supplementären Folgen in allen Gesellschafts- und Lebensbereichen.

Die Dekonstrukteure der Sprache verkennen, dass sprachliche Bedeutungen sich nicht allein aus einem Spiel der Differenzen und Distinktionen herleiten lassen, sondern ein Mindestmaß an Beständigkeit voraussetzen. Nur wenn sich ein Laut über die Zeit hinweg durchhält und identifizierbar bleibt, eignet er sich als Bedeutungsträger.

Die Dekonstrukteure des Ich ignorieren, dass die Urteils- und Erkenntnisfähigkeit des Subjekts von der Stabilität des »Ich denke« abhängt, das »alle meine Vorstellungen begleiten *können*«[211] muss. Ein Ich, welches die Einheit des Bewusstseins preisgibt und sich in »ein so vielfärbiges verschiedenes Selbst« verwandelt, »als ich Vorstellungen habe«[212], verliert sich nicht nur selbst in der Mannigfaltigkeit der Eindrücke; ihm kommt auch die gegenständliche Welt abhanden, weil es die Fähigkeit zur Objektivierung einbüßt.

Die Dekonstrukteure der Gesellschaft übersehen oder wollen übersehen, dass Heterogenität ein soziales Zerfallsprodukt ist, das auch ganz ohne ihr Zutun im Übermaß entsteht. Sozialer Sinn und Zusammenhalt hingegen sind knappe, kostbare Ressourcen, die sich mit dekonstruktiven Mitteln nicht mehren, wohl aber vernichten lassen. Mit der Entfesselung der Differenz, so ergiebig sie auch als Lektüre- und Deutungspraxis sein mag, lässt sich kein Staat machen. Diversity ist keine Quelle gesellschaftlichen Zusammenhalts und kann es nicht sein, wie auch der US-amerikanische Politologe Francis Fukuyama in seiner Kritik der antiidentitären Identitätspolitik herausgearbeitet hat.[213] Demokratie, Rechts- und Sozialstaat, Staatlichkeit insgesamt setzen ein Minimum an sozialer Kohäsion und Homogenität voraus. Dieses unverzichtbare Mindestmaß hatte der Verfassungsrechtler Ernst-Wolfgang Böckenförde im Blick, als er in seinem zum unverstandenen Gemeinplatz gewordenen Diktum feststellte: »Der freiheitliche, säkularisierte Staat lebt von Voraussetzungen, die er selbst nicht garantieren kann«.[214] Diese Voraussetzungen sind fragiler und bedrohter, als es die unter besonderen staatlichen Schutz gestellte, zur Staatsräson erhobene Differenz je war. Die »tragende, homogenitätsverbürgende Kraft und die inneren Regulierungskräfte der Freiheit«[215], nach denen Böckenförde fragt, sind dem Furor der Dekonstrukteure im Staatsdienst und der beamteten Renitenz rettungslos ausgeliefert. Nachdem sich das Pathos der Entgrenzung verbraucht hat, werden sich die Partisanen der Vielfalt und Differenz statt in der multikulturellen Utopie in einer »multitribalen Gesellschaft« wiederfinden, »in welcher der Rechtstaat einen Stamm unter Stämmen bilden kann«.[216]

SCHLUSSBETRACHTUNG

Der zweideutige Numerus des Titels *Sprachregime* ist beabsichtigt. Letztlich ist es unerheblich, ob die Analyse von verschiedenen Funktionen oder Teilsystemen eines semantischen Wahrheitssystems oder von einem Zusammenwirken mehrerer komplementärer Systeme ausgeht. Entscheidend ist einzig, dass ein solches Ineinandergreifen, das in theoretischen Unverträglichkeiten und selbst in offenen Widersprüchen kein Hindernis sieht, stattfindet und dass sich die Wirkungen wechselseitig verstärken, möglicherweise potenzieren. Komplementär könnten etwa die Narrative der Hypermoral und die Matrix der Differenz wirken, obwohl die Rückkehr der von Lyotard verabschiedeten »großen Erzählungen« in theoretischer Hinsicht kaum mit dem postmodernen Differenzdenken zu vereinbaren ist. Die Mythisierung der Politik im Zeichen des Klimawandels erfüllt insofern eine kompensatorische Funktion, als sie die mangelnde Integrationskraft und Motivationsschwäche der antiidentitären Matrix gezielt verdeckt. Die neuen Erzählungen und Mythen sind Identitätssurrogate, die auf ein Sinnvakuum in den diversifizierten Lebenswelten reagieren und dieses zum Schein und mit den Mitteln des ästhetischen Scheins ausfüllen. Sie verschleiern die Tendenz zur Desintegration, kaschieren die Schattenseiten der dekonstruktiven Politik, die gleichzeitig unbeirrt und ungebremst vorangetrieben wird.

Antitopik, hypermoralische Narrative und Matrix der Differenz zielen auf eine Ent-eignung im umfassenden Sinn. Diese betrifft nicht neben anderen Eigentümlichkeiten auch die Sprache, sondern vollzieht sich mit und in ihr. Nicht nur kultureller Kanon, Üblichkeiten und Traditionen sollen ausgelöscht werden, gebrochen werden soll auch der sprachliche Eigensinn selbst. Die Verteidigung des Eigenen müsste deshalb beim Eigensinn der Sprache ansetzen und als Widerstand gegen die Enteignung des Ausdrucksvermögens angelegt sein.[217]

Sprache ist zugleich Instrument und Objekt der Herrschaft. Nur als regulierte vermag sie Bewusstsein, Wahrnehmung und Denken zu regulieren. Das Ziel des Sprachregimes besteht in seiner Totalisierung: Es wäre erreicht, wenn Sprache restlos in der Sprachregelung aufginge.

Wirksam sind diese Regelungen noch dort, wo sie sich von allen Empfindungen und Wahrnehmungen abgelöst haben, wo alle Fühlfäden durchtrennt sind. Wieder und wieder zum Lippenbekenntnis gezwungen zu sein, genötigt zu werden, mit der Lüge und dem entstellten Sinn zu leben, ist eine lähmende Erniedrigung, die jeden Widerstand bricht. Noch im Leerlauf entfaltet das Sprachregime seine Zerstörungskraft.

Alle Hoffnung richtet sich deshalb auf eine unverfügbare Sprachschicht, die dem Zugriff des Bedeutungsregimes entzogen ist und sich allen Steuerungs- und Manipulationsversuchen widersetzt. Die Unbotmäßigkeit der Sprache zeigt sich etwa darin, dass viele Phrasen und Sprachregelungen der Migrationsideologen von »kulturelle Bereicherung« bis »täglich neu aushandeln«, von »wertvoller als Gold« bis »Armlänge Abstand«, von »ausländische Fachkräfte« bis »Einzelfall« sich rasch parodistisch aufluden und eine dissidente Bedeutung annahmen. In den Sozialen Medien wurden sie zum semantischen Treibstoff einer Gegenöffentlichkeit. Allerdings werden mit den neuen digitalen Möglichkeiten der Entfaltung sprachlichen Eigensinns zugleich deren Grenzen aufgezeigt. Die Aussichten einer Subversion des Sprachregimes sind dadurch getrübt, dass Sprache heute einer doppelten Fremdbestimmung ausgesetzt ist, die bis auf die Wortebene, bis in das Kapillarsystem der Bedeutungen hinein durchschlägt: Zum einen ist sie zum Gegenstand einer aufmerksamkeitsökonomischen Verwertung und Monetarisierung geworden, die sich in den Hashtag-Konjunkturen der Sozialen Medien, im suchmaschinenoptimierten ›Wording‹ und in den digitalen Begriffsauktionen manifestiert. Letztere sind eines der lukrativsten Geschäftsmodelle der Digitalökonomie, wie das milliardenschwere Google-Werbemodell »Ad Words« belegt, das buchstäblich auf der Versteigerung von Wörtern basiert.[218] Zum anderen ist die Sprache Arena eines algorithmisch gesteuerten, smarten Totalitarismus. Das Sozialkredit-System in China lässt Reichweite und Zugriffsmöglichkeiten eines solchen Digitalregimes erkennbar werden. Diese doppelte Heteronomie führt zu einer paradoxen Lage: Wer sich dem Zugriff der Diskurswächter zu entwinden versucht, liefert sich den algorithmischen Wortverwertern der Digitalökonomie umso mehr aus. Die Empörungswellen der digitalen Gegenöffentlichkeit sind willkommener ›Traffic‹.

Das ökonomische und das sprachpolitische Regime befinden sich insofern in einem Zielkonflikt, als politische Eingriffe in die digitale Kommunikation wie Sperren und Einschränkungen der Reichweite auch den verwertbaren Zeichenumsatz schmälern. Allerdings können die Häretiker des Diskurses nicht darauf hoffen, dass sich beide Akteure gegenseitig schwächen, gar neutralisieren werden. Vielmehr werden langfristig angelegte Arrangements getroffen, die eine Koexistenz zum beidseitigen Gedeih, aber auf Kosten des sprachlichen Eigensinns ermöglichen. Überdies lässt sich die digitale Infrastruktur der algorithmischen Verwertung der Sprache auch zu ihrer mikrologischen Kontrolle und Steuerung verwenden.

Die Ent-eignung vollzieht sich über die Delegitimierung der Sprache und der Metanoia des Eigenen. Das Eigene und Eigensinnige – wie auch das Verortete und sich Verortende – wird einerseits als das nicht Verallgemeinerbare und somit Partikulare und andererseits als das Differenzvergessene markiert und kriminalisiert. Die Matrix und die mit ihr verbundenen metaphorischen und begrifflichen Zwänge exkommunizieren alle Verteidiger eines überindividuellen Selbst, verbannen sie in ein Überall und Nirgendwo, das kein Exil gewährt. Wo alle Koordinaten verrückt und die Horizonte verschoben wurden, ist keine Positionsbestimmung möglich. Wo sich kein Ort mehr denken lässt, dort lässt er sich auch nicht mehr verteidigen. Jedes Wo ist ein Woanders.

Die Matrix hat es nicht nur auf die vorgeblich toxischen Identitäten und Nationalismen, sondern auch auf jenes Eigentümliche abgesehen, das Friedrich Hölderlin auch als das »Nationelle« bezeichnet. »Wir lernen nichts schwerer als das Nationelle frei gebrauchen«[219], schreibt er am 4. Dezember 1801 in einem Brief an Casimir Ulrich Böhlendorff. Dieses Eigentümliche wird von Hölderlin nicht in einem besitzanzeigenden Sinn aufgerufen. Es ist kein Eigentum und entdeckt sich erst, indem es sich in ein Verhältnis zum Anderen, Fremden setzt. Das Vorzügliche einer Nation ist für Hölderlin keine Domäne natürlicher Eigenheiten oder Nationalcharaktere. Das »Eigene muß so gut gelernt sein wie das Fremde«, sagt der Dichter. »Deswegen sind uns die Griechen unentbehrlich.«[220] Das »Nationelle« ist ein durch Bildung und Aneignung des Fremden Erworbenes. Eine fruchtbare Beziehung zum unvertrauten Anderen kann nicht aus einem Überall und Nirgendwo heraus aufgebaut werden, sondern setzt einen Standpunkt voraus. Einen solchen indes lässt die Matrix, die Identitäten im Sinne eines »Teile und herrsche« in Stellung bringt und gegeneinander ausspielt, nicht zu. Mit dem Eigenen und Eigentümlichen, der »Zelle im nationellen Geweb«[221], löscht sie auch die Unterschiede aus, zu deren Rettung sie etabliert wurde. Die Differenz zwischen Beliebigem ist keine.

Der Versuch der Wiederaneignung müsste umfassend angelegt sein und dürfe hinter den Programmen der Dekonstruktion und Ent-eignung nicht zurückbleiben. Es bedürfte dazu nicht nur einer unverbrauchten Semantik, sondern auch einer sie stützenden Metanoia, die der antitopischen, universalistischen und differenztheoretischen zumindest ebenbürtig wäre. Die hypermoralischen Narrative spielen die Vorteile einer universalistischen Metanoia aus und kaschieren gleichzeitig deren Leere und Abstraktheit. Demgegenüber sind alle Gemeinschaftsnarrative, die unterhalb der »Menschheit« angesetzt werden, mit einem erheblichen moralischen Malus behaftet. Dies gilt auch für das Szenario des »Großen Austausches« (Renaud Camus) und das Narrativ des Kampfes gegen ihn, welches allein wegen dieser Hypothek des Partikularismus nur schwer mit der »großen Erzählung« der Klima- und Weltrettung konkurrieren kann. Auch sind alle Versuche, ein Narrativ des Eigenen ohne eine entsprechende Metanoia zu etablieren, zum Scheitern verurteilt. Die Entwicklung und Etablierung einer solchen Metanoia nähmen vermutlich Dekaden in Anspruch, und so viel Zeit bleibt nicht. Jenseits der Subversion der bestehenden Matrix, der Dekonstruktion der politischen Dekonstruktion, die immer nur punktuell gelingen und nicht auf Dauer gestellt werden kann, sind die sprachpolitischen Möglichkeiten begrenzt.

Semantik sorgt für die Verallgemeinerung und Materialisation des Scheins, lautete eine Eingangshypothese der vorliegenden Überlegungen. Die Realitätsresistenz der Wahrheitssysteme ist stark, aber nicht unbegrenzt. Sie sind dem Risiko ausgesetzt, dass sich die

Mechanismen der Verallgemeinerung gegen das System selbst kehren und ihre Wahrheitskriterien zum Ausweis der Lüge werden. Dann ist alles, was ins Bild passt, schon deshalb verdächtig, *weil* es sich einfügt. An den Punkten, an denen die Formierung der Wahrnehmung misslingt, an denen die Routinen der Frames und Narrative ins Leere laufen, konturiert sich der Gegenstand als *Entgegenstand*. An diesen Einbruchstellen zeigt sich, dass die gesellschaftliche Realität kein qualitativ unbestimmtes Material, keine beliebig verformbare Masse ist. Die Dinge und Verhältnisse offenbaren Widerhaken. Die Medien- und Meinungsmaschinen, die Sein und Wahrgenommenwerden, *esse* und *percipi*, zur Deckung zu bringen versuchen, stoßen an ihre Grenzen. Als Praxis verstanden, ist der Konstruktivismus ungleich aufwendiger als jede Spielart des Realismus, denn es erfordert viel Energie, die Wahrnehmungssurrogate dauerhaft, flächendeckend und gegen wachsenden Widerstand mit den Attributen des Ansichseins zu versehen. Wer von der Machbarkeit der Wahrheit ausgeht, kommt irgendwann nicht mehr umhin, sie tatsächlich auch herzustellen. Und dies hat seinen Preis.

Ökonomische Krisen, aufkommende Verteilungskämpfe, kollabierende Sozialsysteme, sich vertiefende innere Parallelgesellschaften samt verschärften und zunehmend gewaltsam ausgetragenen kulturellen Konflikten würden die Formierungskosten in die Höhe treiben und könnten gleichzeitig den moralischen Bonus aller Weltrettungsnarrative rasch entwerten. Ein wachsender Aufwand der Umdeutung könnte irgendwann zur Aufgabe des Inkognitos führen, was die Erosion des Deutungsregimes noch beschleunigen würde. Zugleich wüchse die Evidenz dessen, was allen Manipulationsversuchen widerstünde und nicht ins vorbereitete Schema passte. Was mit solcher Anstrengung aus der Welt geschafft werden soll, hat einiges für sich. Was nicht geduldet werden kann, muss substanziell sein. Die Versuche seiner Beseitigung werten es auf und unterstreichen seine Bedeutung. Sie geben denen recht, die sich auf das zu Beseitigende berufen und ihm eine Stimme geben.

Die Corona-Pandemie seit 2020 hat nicht nur das Klimanarrativ – zumindest vorläufig – in den Hintergrund gedrängt; sie könnte auch die globalistischen, antitopischen Deutungsmuster der »Anywheres« gefährden und deren Wahrheitssystem unter Druck setzen. Umgekehrt wird das Bedeutungsfeld der Eindämmung, Beschränkung und Begrenzung semantisch rehabilitiert. Wenn es gilt, die Ausbreitung eines lebensbedrohlichen Virus zu verhindern oder zu verlangsamen, lässt sich eine Strategie der »Abschottung« jedenfalls nur schwer moralisch diskreditieren. Allerdings werden die Vertreter der »One World« die Deutung der globalen Seuche als Siechtum des Globalismus mit allen Mitteln bekämpfen und eine Therapie im Weltmaßstab verordnen, die gewiss keine konservative ist. Dabei stehen sie jedoch vor dem Problem, dass in der Krise die schon totgesagten Nationalstaaten als einzig handlungsfähige Akteure auftreten, während die europäischen und globalen Institutionen vor aller Augen versagen.

Im Gegenzug ist das Weltvirus jedoch auch ein willkommenes Alibi für die Finanz- und Wirtschaftskrise, die sich schon vorher abgezeichnet hatte. Es dürfte als Ursache von Problemen herangezogen werden, die es nur verschärft oder sichtbar gemacht hat, und könnte zugleich den Regierenden als Vorwand dienen, das Sprachregime zu einem Notstandsregime mit erheblichen Eingriffen in individuelle Freiheitsrechte auszubauen. Die Panik, die Greta wünscht, ist in der Klimabewegung immer mit einem mythischen Angebot der Bewältigung verbunden. Jetzt könnte sich ein nacktes, narrativ unbearbeitetes Entsetzen, ein Absolutismus der Angst, als die noch wirksamere Machttechnik erweisen. Überdies besteht die Gefahr, dass die in der Virusbekämpfung eingeübte Praxis des »Social Distancing« zur Routine wird und eine Agenda der gesellschaftlichen Atomisierung befördert, welche die Spaltungstendenzen der Minoritätspolitik noch verschärft. Im Ausnahmezustand könnten die Problemverwalter und -aussitzer Gefallen an einem Dezisionismus finden, mit dem sie sich eine neue Quelle der begründungslosen Evidenz erschließen, welche die Schwächung des hypermoralischen Narrativs mehr als kompensiert. Der Anreiz, die Ausnahme zu normalisieren, könnte unter diesen Umständen stärker sein als der einer Rückkehr zur Normalität.

Dem Betrachter, der das Ausmaß der Umdeutungsapparatur zum ersten Mal ermisst oder zumindest erahnt, dämmert, dass sie ihr

Werk auch schon an anderen Gegenständen verrichtet haben musste. Er begreift, dass der erste Anschein auch schon in der Vergangenheit getrogen haben muss und viele Selbstverständlichkeiten nur Suggestionen, viele Körper nur Schatten sind. Vermutlich wird er nicht nur einiges, sondern alles anders sehen. Sind die Mechanismen zur Verallgemeinerung der Lüge und zur Herstellung wünschbarer Wahrheiten erst einmal offengelegt, muss ihm selbst jene Objektivität, deren Solidität lange außer Zweifel stand, als brüchige Fassade erscheinen.

Wer die Sprachregelungen durchkreuzt, stellt sich auf die Seite der Gegenstände, der *Entgegenstände*, und weiß sie auf seiner Seite. Dieses Bündnis stattet ihn mit einem Realismus, einer Realitätsgerechtigkeit und Realitätstreue aus, die den Vertretern der herrschenden Deutung zuwider sein muss. Diese zwingt der Wahrhaftigkeits- und Evidenzgewinn ihrer Gegner weiter aus der Deckung. Sie werden versuchen, die Tatsachen zum Schweigen zu bringen, indem sie diejenigen mundtot machen, die sie benennen. In der Folge delegitimieren sie sich zusehends, verlieren letzte Skrupel und zeigen unverhüllt ihr despotisches Gesicht. Ein solcher Zusammenbruch des Wahrheitssystems könnte in offene Repression, möglicherweise in Gewalt münden. Gegen dieses Szenario eines kollabierenden Wahrheitssystems spricht allerdings, dass die punktuelle Offenlegung seiner Wirkungsweise bislang nicht zu einer Schwächung, geschweige denn zum Zusammenbruch geführt hat. Obwohl die Macht des Sprachregimes auf organisierter Unkenntlichkeit beruht, hat die Entstellung zur Kenntlichkeit ihm bislang wenig anhaben können.

ENDNOTEN

1 Friedrich Schiller: Werke in drei Bänden. Bd. II. Unter Mitwirkung v. Gerhard Fricke hg. v. Herbert G. Göpfert. München 1966, S. 734.

2 Karl Kraus: Gedichte. Schriften, Bd. 9. Hg. v. Christian Wagenknecht. Frankfurt/Main 1989, S. 93.

3 Victor Klemperer: LTI. Notizbuch eines Philologen. Nach d. Ausg. letzter Hand hg. u. komm. v. Elke Fröhlich. Stuttgart 2018, S. 26.

4 Diesen Begriff gebraucht die Linguistin Elisabeth Wehling in ihrer Sprachanleitung für die ARD: »Framing-Manual. Unser gemeinsamer freier Rundfunk ARD«. Berkeley International Framing Institute, S. 80 (https://cdn.netzpolitik.org/wp-upload/2019/02/framing_gutachten_ard.pdf).

5 »Wir haben das Lob der Grenze nicht gelernt«. Peter Sloterdijk im Gespräch über Merkel und die Flüchtlingskrise, in: *Cicero*, 28.1.2016.

6 Pressekonferenz v. 28.8.2019. (https://www.welt.de/politik/deutschland/article181336940/Ministerpraesident-Kretschmer-Der-saechsische-Staat-ist-handlungsfaehig-Und-er-handelt.html.)

7 Antonio Gramsci: Gefängnishefte. Kritische Gesamtausgabe. Bd. 1. Hg. u. übers. (et al.) v. Klaus Bochmann u. Wolfgang Fritz Haug. Hamburg 1991, S. 120. Deshalb ist »keine Übernahme der politischen Macht möglich ohne eine vorhergehende Übernahme der kulturellen Macht«, schreibt Alain de Benoist, der die Theorie der kulturellen Hegemonie des Marxisten Gramsci Anfang der 1980er Jahre für die Nouvelle Droite in Frankreich adaptierte (Alain de Benoist: Kulturrevolution von rechts. Mit einer Einf. v. Michael Böhm u. einem Vorw. v. Armin Mohler. Dresden 2017, S. 73). Auch die Neue Rechte in Deutschland bezieht sich auf Gramsci und nimmt den metapolitischen »Kampf um die Sprache« in den Fokus. Vgl. Thor von Waldstein: Metapolitik. Theorie – Lage – Aktion. 4. Aufl. Schnellroda 2019, S. 39.

8 Thomas Hobbes: Leviathan. Aus d. Engl. v. Jutta Schlösser. Mit einer Einf. hg. v. Hermann Klenner. Hamburg 1996, S. 150.

9 Kungfutse: Lun Yu. Gespräche. Aus d. Chin. übertr. u. hg. v. Richard Wilhelm. Düsseldorf/Köln 1975, S. 131.

10 Ebenda.

11 Henning Lobin: »Die Sprachpolitik der AfD«, in: *Spektrum.de (SciLogs)*, 13.1.2020. (https://scilogs.spektrum.de/engelbart-galaxis/die-sprachpolitik-der-afd)

12 Ebenda.

13 Heinrich Detering: Was heißt hier »wir«? Zur Rhetorik der parlamentarischen Rechten. Stuttgart 2019, S. 49.

14 Hans Blumenberg: Präfiguration – Arbeit am politischen Mythos. Hg. v. Angus Nicholls u. Felix Heidenreich. Berlin 2014, S. 15.

15 Ebenda, S. 10.

16 ZDF, *heute journal*, 5.2.2020.

17 Benjamin-Immanuel Hoff schrieb dies am 5.2.2020 auf seinem Twitter-Kanal.

18 Edward Bernays: Propaganda. Die Kunst der Public Relations. Aus d. Amerik. v. Patrick Schnur. 8. Aufl. Berlin 2017, S. 54.

19 Ebenda.

20 Ebenda, S. 55.

21 George Lakoff, Elisabeth Wehling: Auf leisen Sohlen ins Gehirn. Politische Sprache und ihre heimliche Macht. 2., akt. Aufl. Heidelberg 2009.

22 Gustave Le Bon: Psychologie der Massen. Aus d. Franz. v. Rudolf Eisler. 17. Aufl. Hamburg 2018, S. 67.

23 Lakoff, Wehling, a.a.O., S. 74.

24 Rede von Bundeskanzlerin Merkel bei der Andacht zum 30. Jahrestag in der »Kapelle der Versöhnung« am 9. November 2019 in Berlin. (https://www.bundeskanzlerin.de/bkin-de/aktuelles/rede-von-bundeskanzlerin-merkel-bei-der-andacht-zum-30-jahrestag-des-mauerfalls-in-der-kapelle-der-versoehnung-am-9-november-2019-in-berlin-1690432)

25 Elisabeth Wehling: Politisches Framing. Wie eine Nation sich ihr Denken einredet – und daraus Politik macht. Köln 2016, S. 172.

26 Ebenda, S. 173.

27 Ebenda.

28 George Orwell: Nineteen Eighty-Four. London 2008, S. 316.

29 Wehling, »Framing-Manual«, a.a.O.

30 Wehling, Politisches Framing, a.a.O., Klappentext

31 Ebenda.

32 Karl Kraus: Untergang der Welt durch schwarze Magie. Schriften, Bd. 4. Frankfurt/Main 1988, S. 451.

33 Hannah Arendt: Elemente und Ursprünge totaler Herrschaft. Antisemitismus – Imperialismus – Totale Herrschaft. 20. Aufl. München/Berlin 2017, S. 745.

34 Ebenda.

35 Carl Schmitt: Die Tyrannei der Werte. 3., korr. Aufl. Mit einem Nachw. v. Christoph Schönberger. Berlin 2011, S. 43.

36 Ebenda, S. 39 f.

37 ZDF, *maybrit illner*, 14.11.2019.

38 Von einer »epigonalen Drittklassigkeit« der leitideologischen Propagandisten, die Manfred Kleine-Hartlage am Werk sieht, kann also nicht die Rede sein (Manfred Kleine-Hartlage: Die Sprache der BRD. 145 Unwörter und ihre politische Bedeutung. 3., erw. Aufl. Schnellroda 2019, S. 125).

39 Rede v. 27.11.2019. (https://www.bundeskanzlerin.de/bkin-de/aktuelles/rede-von-bundeskanzlerin-merkel-im-deutschen-bundestag-1699682)

40 Bundesamt für Verfassungsschutz stuft »Identitäre Bewegung Deutschland« (IBD) als gesichert rechtsextremistische Bestrebung ein. Pressemitteilung v. 11.7.2019. (https://www.verfassungsschutz.de/de/oeffentlichkeitsarbeit/presse)

41 Ebenda.

42 Gerd Held: »Der Weg zur Knechtschaft und der Eigensinn der Sprache. Überarbeitete Fassung eines Vortrags vom 7. Juli 2019 im Hayek-Club Berlin«. (http://wordpress.gerdheld.de/?p=2041)

43 Die bündigste Darstellung der Theorie gibt Joseph Lehman: »A Brief Explanation of the Overton Window«. (https://www.mackinac.org/OvertonWindow)

44 Rede v. 10.12.2018. (https://www.bundeskanzlerin.de/bkin-de/aktuelles/rede-von-bundeskanzlerin-merkel-bei-der-internationalen-konferenz-zur-annahme-des-globalen-pakts-fuer-sichere-geordnete-und-regulaere-migration-am–10-dezember–2018-in-marrakesch–1559050)

45 Entwurf des Ergebnisdokuments der Konferenz. (http://www.un.org/depts/german/migration/A.CONF.231.3.pdf, S. 24)

46 https://www.un.org/pga/72/wp-content/uploads/sites/51/2018/07/migration.pdf, S. 24

47 Entwurf des Ergebnisdokuments, a.a.O., S. 3.

48 Ebenda, S. 23.

49 Ebenda, S. 3.

50 Ebenda, S. 23.

51 Boris Groys: Das kommunistische Postskriptum. Frankfurt/Main 2006, S. 88.

52 Zur Instrumentalisierung einer universalistischen Ethik für außerethische Zwecke und zur kalkulierten, interessengeleiteten Doppelzüngigkeit der Menschenrechtsrhetorik vgl. auch Panajotis Kondylis: Das Politische im 20. Jahrhundert. Von den Utopien zur Globalisierung. Heidelberg 2001, S. 61 ff.

53 Jürgen Habermas: »Für eine demokratische Polarisierung. Wie man dem Rechtspopulismus den Boden entzieht«, in: *Blätter für deutsche und internationale Politik* 11/2016, S. 35–42, hier: S. 39. Diese Empfehlung ist auch deshalb verräterisch, weil der Theoretiker des herrschaftsfreien Diskurses den Begriff der »Dethematisierung« zuvor in kritischem Sinn verwendet und etwa gegen Angela Merkels Europapolitik sowie die sie stützenden Medien in Stellung gebracht hatte.

54 Als das Schmählied »Meine Oma ist 'ne alte Umweltsau« des WDR-Kinderchors im Dezember 2019 Empörung auslöste, berief sich die Redaktion auf die Freiheiten dieser Kunstform.

55 Gelingen konnte dies indes nur, weil die Konnotationen von Todesstreifen und Schießbefehl in den Vereinigten Staaten weitaus schwerer aktivierbar sind als in Deutschland, wo sie Teil des kollektiven Bewusstseins sind.

56 Carl Schmitt: Der Nomos der Erde im Völkerrecht des Jus Publicum Europaeum. 5. Aufl. Berlin 2011, S. 37.

57 Die Typologie der »Anywheres« und »Somewheres« hat David Goodhart entwickelt, wobei er sich vor allem auf die im Brexit-Referendum zutage getretene Spaltung der britischen Gesellschaft bezieht (David Goodhart: The Road to Somewhere. The New Tribes Shaping British Politics. London 2017).

58 Ferdinand Tönnies: Gemeinschaft und Gesellschaft. Grundbegriffe der reinen Soziologie. Neudruck d. 8. Aufl. v. 1935. Darmstadt 1991, S. 47.

59 Emmanuel Lévinas: »Heidegger, Gagarin und wir«, in: ders.: Schwierige Freiheit. Versuch über das Judentum. Aus d. Franz. v. Eva Moldenhauer. Frankfurt/Main 2017, S. 175.

60 Ebenda.

61 Charles Taylor: Multikulturalismus und die Politik der Anerkennung. Aus d. Amerik. v. Reinhard Kaiser. Frankfurt/Main 2009, S. 54.

62 Ernst Meister: Sämtliche Gedichte. Wandloser Raum. Hg. v. Reinhard Kiefer. Aachen 1996, S. 53.

63 Für Rolf Peter Sieferle resultiert die theoretische Unangreifbarkeit des Universalismus schon aus seiner Theorieförmigkeit: »Wenn der Universalismus logisch jedem Argumentieren vorausgesetzt ist, so kann es wenig verwundern, daß das Resultat ethischer Argumentation ebenfalls universalistisch ist.« (Rolf Peter Sieferle: Epochenwechsel. Die Deutschen an der Schwelle zum 21. Jahrhundert. Werkausgabe, Bd. 1. Berlin 2017, S. 388) Sieferles Kritik setzt deshalb nicht bei den theoretischen Implikationen des Universalismus, sondern den paradoxen und selbstzerstörerischen Konsequenzen seiner Verwirklichung an.

64 Die Kapitalisierung sprachlicher Bedeutungen ist eines der wichtigsten Geschäftsfelder der Digitalökonomie. Vgl. dazu: Michael Esders: Alphabetisches Kapital. Über die Ökonomie der Bedeutungen. Bielefeld 2017.

65 Johannes Eisleben: »Überwachen und Strafen im 21. Jahrhundert. Neue Technologien der Machtausübung«, in: *TUMULT*, Frühjahr 2019, S. 36–38, hier: S. 37.

66 Transkription des offiziellen Videos der Bundesregierung, in: *faz.net*, 16.7.2015.

67 Die Reem-Episode verbreitete sich »viral wie zuvor kein anderer politischer Inhalt in Deutschland«, beobachtete der Journalist Robin Alexander, der die Begegnung als Schlüsselszene deutet. (Robin Alexander: Die Getriebenen. Merkel und die Flüchtlingspolitik. Report aus dem Innern der Macht. München 2017, S. 32)

68 So sieht es etwa Douglas Murray in *The Strange Death of Europe. Immigration, Identity, Islam.* (London 2018, S. 80): »But seized by the personal stories, much of the German media criticised Merkel for the ›coldness‹ of her response. This coldness, if that is what it was, soon left her.«

69 Arnold Gehlen: Moral und Hypermoral. Eine pluralistische Ethik. 7. Aufl. Frankfurt/Main 2016, S. 4.

70 Ebenda, S. 107. Die Metapher übernimmt Gehlen von dem Staatsrechtler Ernst Forsthoff.

71 Ebenda, S. 75 ff.

72 Ebenda, S. 141 ff.

73 Ebenda, S. 89.

74 Max Weber: »Politik als Beruf« [1919]. Studienausgabe der Max Weber-Gesamtausgabe. Bd. I/17. Hg. v. Wolfgang J. Mommsen u. Wolfgang Schluchter in Zus.-Arb. m. Birgitt Morgenbrod. Tübingen 1994, S. 80.

75 Alexander Grau: Hypermoral. Die neue Lust an der Empörung. München 2017, S. 8.

76 Gehlen, a.a.O., S. 179.

77 Max Weber: Wirtschaft und Gesellschaft. Grundriß der verstehenden Soziologie. 5., rev. Aufl. Tübingen 1980, S. 129.

78 Niklas Luhmann: Die Realität der Massenmedien. 4. Aufl. Wiesbaden 2009, S. 91.

79 Gehlen, a.a.O., S. 50.

80 Marshall McLuhan: Die Gutenberg-Galaxis. Die Entstehung des typographischen Menschen. Aus d. Amerik. v. Max Nänny. Mit einem Vorw v. Richard Cavell. Hamburg/Berkeley 2011, S. 41.

81 Gehlen, a.a.O., S. 36.

82 Walter Benjamin: »Der Erzähler. Betrachtungen zum Werk Nikolai Lesskows«, in: ders.: Gesammelte Schriften, Bd. II, 2. Hg. v. Rolf Tiedemann u. Hermann Schweppenhäuser. Frankfurt/Main 1991, S. 447.

83 Carl Schmitt: Der Leviathan in der Staatslehre des Thomas Hobbes. Sinn und Fehlschlag eines politischen Symbols [1938]. 5. Aufl. Stuttgart 2015, S. 111.

84 Jean-François Lyotard: Das postmoderne Wissen. Ein Bericht. Hg. v. Peter Engelmann. Aus d. Franz. v. Otto Pfersmann. 5. Aufl. Wien 2005, S. 14.

85 Vgl. dazu: Michael Esders: Ware Geschichte. Die poetische Simulation einer bewohnbaren Welt. Bielefeld 2014.

86 Zit. n. *Die Welt*, 17.8.2009.

87 Vgl. Hermann Lübbe: Politischer Moralismus. Der Triumph der Gesinnung über die Urteilskraft. Berlin 1987.

88 Hermann Lübbe im Gespräch. München 2010, S. 50.

89 Michael Haller: Die »Flüchtlingskrise« in den Medien. Tagesaktueller Journalismus zwischen Meinung und Information. Eine Studie der Otto Brenner Stiftung. Frankfurt/Main 2017, S. 144 f. In einer weiteren Studie bescheinigte Haller zwei Jahre später einzelnen Medien Lernfähigkeit und -bereitschaft. In Bezug auf die Berichterstattung zum Migrationspakt sei allerdings die Deutung »naheliegend, dass die Leitmedien weiterhin der Agenda der institutionellen Eliten folgen

und Konfliktstoff erst bearbeiten, wenn er von den Politik-Akteuren öffentlich thematisiert und zur Kontoverse zugespitzt wird«. (Michael Haller: Zwischen »Flüchtlingskrise« und »Migrationspakt«. Mediale Lernprozesse auf dem Prüfstand. Ein Projekt der Otto Brenner Stiftung. Frankfurt/Main 2019, S. 27)

90 Zit. n. *Rhein-Neckar-Zeitung*, 11.6.2016.

91 Joseph Campbell: Der Heros in tausend Gestalten. Aus d. Amerik. v. Karl Koehne. Berlin 2011, S. 42.

92 Elisabeth Noelle-Neumann: Die Schweigespirale. Öffentliche Meinung – unsere soziale Haut. München 1980.

93 Alexander Kluge: Das fünfte Buch. Neue Lebensläufe. 402 Geschichten. Berlin 2012, S. 206.

94 Alexander Kluge: »Erlöst die Nachrichten von der menschlichen Gleichgültigkeit. Ein Gespräch über das Erzählen einfacher Geschichten (mit Hans Magnus Enzensberger)«, in: *Die Welt*, 12.12.2010.

95 Reem Sahwil, Kerstin Kropac: Ich habe einen Traum. Als Flüchtlingskind in Deutschland, München 2017.

96 Herfried Münkler: »Der EU fehlt die begleitende Erzählung«, in: *Neue Zürcher Zeitung*, 20.4.2016.

97 Ebenda.

98 »Europa: Vertrauen erneuern – Verbindlichkeit stärken«. Rede von Bundespräsident Joachim Gauck zu Perspektiven der europäischen Idee am 22. Februar 2013. (www.bundespräsident.de)

99 Robert Entman: Projections of Power. Framing News, Public Opinion, and U.S. Foreign Policy. Chicago/London 2004.

100 Das Erzählen sei »als Medium zu betrachten, in dem sich Legitimierungsstrategien ausbilden, sozial verbreiten und an unterschiedliche Bedürfnisse anpassen können«, schreiben Frank Gadinger und Taylan Yildiz in ihrem Artikel »Politik«, in: Erzählen. Ein interdisziplinäres Handbuch. Hg. v. Matías Martínez. Stuttgart 2017, S. 158–165, hier: S. 160.

101 Jürgen Habermas: »Nachgeahmte Substantialität« [1970], in: ders: Philosophisch-politische Profile. Erw. Ausg. Frankfurt/Main 1984, S. 117.

102 Noël Carroll: »Narrative and the Ethical Life«, in: Art and Ethical Criticism. Hg. v. Gary L. Hagberg. Malden/Oxford/Chichester 2011, S. 36.

103 Gehlen, a.a.O., S. 180.

104 Wehling, »Framing-Manual«, a.a.O., S. 77.

105 Ebenda, S. 81.

106 Ebenda, S. 83.

107 Ebenda.

108 Ebenda, S. 61.

109 Ebenda, S. 85.

110 Haller, Zwischen »Flüchtlingskrise« und »Migrationspakt«, a.a.O., S. 68.

111 Patrick Gensing: »Medien dürfen keine Ängste schüren«, in: *VOCER*, 21.4.2015. (www.vocer.org/patrick-gensing-medien-duerfen-keine-aengste-schueren/)

112 Hans Blumenberg: Arbeit am Mythos. 5. Aufl. Frankfurt/Main 2017, S. 127.

113 Ebenda.

114 Ernst Cassirer: Vom Mythus des Staates. Aus d. Engl. v. Franz Stoeßl. 2., unveränd. Aufl. Hamburg 2016, S. 367. Die Originalausgabe *The Myth of the State* erschien postum 1946.

115 Ebenda, S. 367 f.

116 Robert Habeck: Wer wir sein könnten. Warum unsere Demokratie eine offene und vielfältige Sprache braucht. Köln 2018, S. 21.

117 Für Raymond Unger ist auch der deutsche Willkommensrausch des Jahres 2015 die Folge eines nicht verarbeiteten, transgenerationalen Kriegstraumas und Schuldkomplexes. Die Obsession, etwas wiedergutmachen zu müssen, geht aus Ungers Sicht mit der kollektiven Weigerung, erwachsen zu werden, einher. (Raymond Unger: Die Wiedergutmacher. Das Nachkriegstrauma und die Flüchtlingsdebatte. München 2018) Robert Pfaller stellt die Sprachverbote der politischen Korrektheit und Identitätspolitik in Zusammenhang mit der Infantilisierung des politischen Diskurses und sieht darin die eskapistische Tendenz einer pseudoprogressiven Linken, die sich vom kapitalismuskritischen Paradigma verabschiedet hat. (Robert Pfaller: Erwachsenensprache. Über ihr Verschwinden aus Politik und Kultur. Frankfurt/Main 2017)

118 Vgl. dazu Esders, Ware Geschichte, a.a.O., S. 17 ff.

119 Greta und Svante Thunberg, Beata und Malena Ernman: Szenen aus dem Herzen. Unser Leben für das Klima. Aus d. Schwed. v. Ulla Ackermann, Gesa Kunter u. Stefan Pluschkat. Frankfurt/Main 2019, S. 231.

120 Campbell, a.a.O., S. 144.

121 https://www.zeit.de/news/2019-08/15/greta-thunberg-bewaeltigt-erste-segelmeilen-auf-dem-atlantik

122 Georges Sorel: Über die Gewalt. Mit einem Nachw. v. George Lichtheim. Aus d. Franz. v. Ludwig Oppenheimer [1928]. Frankfurt/Main 1969, S. 145.

123 Blumenberg, Arbeit am Mythos, a.a.O., S. 248.

124 Thunberg/Ernman, a.a.O., S. 45.

125 Campbell, a.a.O., S. 50.

126 Der Hinweis auf Gretas Krankheit dient gleichzeitig auch dazu, ihre Kritiker als unmenschlich zu diskreditieren. Seherische Gabe oder bemitleidenswertes Gebrechen – beide Topoi werden ausgespielt.

127 Ebenda.

128 Sie spricht in diesem Zusammenhang von einer »kognitiven Glückspille«. (Wehling, Politisches Framing, a.a.O., S. 185)

129 Greta Thunberg: »Our House is on Fire. World Economic Forum in Davos 2019«. (https://www.fridaysforfuture.org/greta-speeches#greta_speech_jan25_2019)

130 Ebenda.

131 Margaret Klein Salamon: »Leading the Public into Emergency Mode. A New Strategy for the Cimate Movemement«. (https://www.theclimatemobilization.org/emergency-mode)

132 Ernst Cassirer sieht in der »Kraft der Organisation« existenzieller Ängste die größte Stärke mythischer und religiöser Weltbilder. (Cassirer, a.a.O., S. 67)

133 Blumenberg, Präfiguration, a.a.O., S. 33.

134 Ebenda.

135 Thunberg, a.a.O.

136 Blumenberg, Arbeit am Mythos, a.a.O., S. 249.

137 Willy Viehöver: »Die Wissenschaft und die Wiederverzauberung des sublunaren Raumes. Der Klimadiskurs im Licht der narrativen Diskursanalyse«, in: Handbuch Sozialwissenschaftliche Diskursanalyse. Bd. 2: Forschungspraxis. Hg. v. Reiner Keller u. a. 2. Aufl. Wiesbaden 2010, S. 233–269, hier: S. 257.

138 Mythologie der Vernunft. Hegels »ältestes Systemprogramm« des deutschen Idealismus. Hg v. Christoph Jamme u. Helmut Schneider. Frankfurt/Main 1984, S. 13.

139 Albrecht Koschorke: Wahrheit und Erfindung. Grundzüge einer Allgemeinen Erzähltheorie. 3. Aufl. Frankfurt/Main 2013, S. 238.

140 Viehöver, a.a.O., S. 263.

141 Bernd Stegemann: Die Moralfalle. Für eine Befreiung linker Politik. Berlin 2018, S. 12.

142 Sorel, a.a.O., S. 43.

143 Cassirer, a.a.O., S. 388.

144 Odo Marquard: Abschied vom Prinzipiellen. Stuttgart 1981, S. 12.

145 Von Gilles Deleuze und Félix Guattari wird die postmoderne Nichtsesshaftigkeit auf die Gleichung »RHIZOMATIK = NOMADOLOGIE« gebracht. (Gilles Deleuze, Félix Guattari: Rhizom. Aus d. Franz. v. Dagmar Berger, Clemens-Carl Härle et al., Berlin 1977, S. 37)

146 Hans Blumenberg: Paradigmen zu einer Metaphorologie. 6. Aufl. Frankfurt/Main 2015, S. 91 f.

147 Jacques Derrida: Grammatologie. Aus d. Franz. v. Hans-Jörg Rheinberger u. Hanns Zischler. 13. Aufl. Frankfurt/Main 2016, S. 44.

148 »Die Intellektuellen und die Macht. Gespräch zwischen Michel Foucault und Gilles Deleuze«, in: Michel Foucault: Von der Subversion des Wissens. Hg. u. aus d. Franz. v. Walter Seitter. Frankfurt/Main 1987, S. 107.

149 Ebenda.

150 Ebenda, S. 108.

151 Jean Améry: »Jargon der Dialektik«, in: ders.: Widersprüche. Frankfurt/Main – Berlin – Wien 1980, S. 53–78.

152 Oskar Negt, Alexander Kluge: Maßverhältnisse des Politischen. 15 Vorschläge zum Unterscheidungsvermögen. Frankfurt/Main 1993, S. 63.

153 Ebenda.

154 Frank Böckelmann: Jargon der Weltoffenheit. Was sind unsere Werte noch wert? Waltrop u. Leipzig 2014, S. 93.

155 Derrida, Grammatologie, a.a.O., S. 274.

156 Jean-François Lyotard: Die Mauer des Pazifik. Eine Erzählung. Aus d. Franz. v. Heike Rutke u. Clemens-Carl Härle. 2., durchges. Aufl. Wien 2006, S. 35.

157 Martin Heidegger: Beiträge zur Philosophie (Vom Ereignis). Gesamtausgabe, Bd. 65. Hg. v. Friedrich-Wilhelm v. Herrmann. 3. Aufl. Frankfurt/Main 2003, S. 466.

158 Ludwig Wittgenstein: Philosophische Untersuchungen. Werkausgabe, Bd. 1. Frankfurt/Main 1984, S. 570. An dieses Konzept knüpft Jean-François Lyotard ausdrücklich an.

159 Theodor W. Adorno: Negative Dialektik. 6. Aufl. Frankfurt/Main 1990, S. 17.

160 Zum Einfluss von Batailles Ideen auf das Werk Foucaults und die folgenreiche Rezeption beider Theorien in den Vereinigten Staaten vgl. auch Guido Giacomo Preparata: Die Ideologie der Tyrannei. Neognostische Mythologie in der amerikanischen Politik. Berlin 2015.

161 Ferdinand de Saussure: Grundfragen der allgemeinen Sprachwissenschaft. Hg. v. Charles Bally u. Albert Sechehaye. Aus d. Franz. v. Herman Lommel. Berlin/Leipzig 1931 (Nachdruck: Berlin/New York 2001), S. 140.

162 Jacques Derrida: Die Stimme und das Phänomen. Einführung in das Problem des Zeichens in der Phänomenologie Husserls. Aus d. Franz. v. Hans-Dieter Gondek. Frankfurt/Main 2003, S. 133.

163 Christoph Türcke: Vom Kainszeichen zum genetischen Code. Kritische Theorie der Schrift. München 2005, S. 167.

164 Ebenda.

165 Adorno, Negative Dialektik, a.a.O., S. 33.

166 Gilles Deleuze: Differenz und Wiederholung. Aus d. Franz. v. Joseph Vogl. 3. Aufl. München 2007, S. 50.

167 Karl Marx: Manifest der Kommunistischen Partei, in: ders.: Die Frühschriften. Hg. v. Siegfried Landshut. Stuttgart 1971, S. 529.

168 Gramsci, a.a.O., S. 120.

169 Jean Baudrillard: Die göttliche Linke. Chronik der Jahre 1977–1984. Aus d. Franz. v. Ronald Voullié. München 1986, S. 113.

170 Ebenda.

171 »So bunt wie diese Stifte ist unser Land«, behauptet die Grünen-Politikerin Claudia Roth 2018 in einem YouTube-Video: https://www.youtube.com/watch?v=fCnLpuomGcg.

172 Türcke, a.a.O., S. 196.

173 Peter Sloterdijk: Zorn und Zeit. Politisch-psychologischer Versuch. Frankfurt/Main 2008, S. 259.

174 Ebenda.

175 Gilles Deleuze, Félix Guattari: Tausend Plateaus. Kapitalismus und Schizophrenie. Aus d. Franz. v. Gabriele Ricke u. Ronald Voullié. Berlin 1992, S. 20.

176 Ebenda, S. 31.

177 Ebenda.

178 Frantz Fanon: Die Verdammten dieser Erde. Aus d. Franz. v. Traugott König. Frankfurt/Main 2005, sowie Taylor, a.a.O. Vgl. dazu Egon Flaig: Was nottut. Plädoyer für einen aufgeklärten Konservatismus. Lüdinghausen/Berlin 2019, S. 94 ff.

179 Vgl. zu dieser verhängnisvollen »Diskurswende«: Egon Flaig: Die Niederlage der politischen Vernunft. Wie wir die Errungenschaften der Aufklärung verspielen. Lüneburg 2017, S. 71 ff.

180 Vgl. Böckelmann, Jargon der Weltoffenheit, a.a.O.

181 Lyotard, Das postmoderne Wissen, a.a.O., S. 16.

182 Ebenda.

183 https://www.youtube.com/watch?v=q94syUDDhxA.

184 Protokoll des britischen Oberhaus-Unterkomitees zu EU-Auswirkungen auf die Innenpolitik. Veröffentlicht am 6.12.2012. (www.parliament.uk/documents/lords-committees/eu-sub-com-f/GAMM/EvidencevolumegmmFINAL.pdf, S. 265) Während seiner Tätigkeit als UN-Sondergesandter für Migration war Sutherland unter anderem Aufsichtsratsvorsitzender bei Goldman Sachs und BP.

185 ARD, *Tagesthemen*, 20.2.2018. (www.youtube.com/watch?v=s4N-wl6nydQ)

186 Vgl. dazu Michael Esders: »Lebensweltverlust. Angriff auf die Üblichkeiten«, in: *TUMULT*, Winter 2019/20, S. 48–52.

187 »Der Generalverdacht lastet heute bereits auf der bloßen Wahrnehmung des Fremden; die gleichgültige Toleranz entledigt sich ihres Gegenstands«, konstatiert Frank Böckelmann in die *Die Gelben, die Schwarzen, die Weißen* (erw. Fassung d. Ausg. v. 1998, Berlin 2018, S. 28).

188 Friedrich Nietzsche: »Ueber Wahrheit und Lüge im aussermoralischen Sinne«, in: ders.: Kritische Studienausgabe, Bd. 1. Hg. v. Giorgio Colli u. Mazzino Montinari. München 1988, S. 880.

189 Richard Rorty: Kontingenz, Ironie und Solidarität. Aus d. Amerik. v. Christa Krüger. Frankfurt/Main 1991, S. 49.

190 Peter Sloterdijk: Derrida ein Ägypter. Über das Problem der jüdischen Pyramide. Frankfurt/Main 2007, S. 62.

191 Axel Honneth: Kritik der Macht. Reflexionsstufen einer kritischen Gesellschaftstheorie. Frankfurt/Main 1985, S. 142 f.

192 Zit. n. Ansgar Graf: »Menasses Co-Autorin sagt, sie wusste nichts von falschen Zitaten«, in: *Welt.de*, 27.12.2018. (www.welt.de/politik/deutschland/article186139730/Falsche-Zitate-Co-Autorin-Ulrike-Guerot-zum-Fall-Robert-Menasse.html)

193 Paul Feyerabend: Wider den Methodenzwang. 9. Aufl. Frankfurt/Main 2004, S. 37.

194 Zit. n. Graf, a.a.O.

195 Ulrike Guérot, Robert Menasse: »Lust auf eine gemeinsame Welt. Ein futuristischer Entwurf für europäische Grenzenlosigkeit«, in: *Le Monde Diplomatique*, 16.2.2016.

196 Ebenda.

197 Carolin Emcke: »Anfangen. Dankesrede«, in: Reden anlässlich der Verleihung des Friedenspreises des Deutschen Buchhandels 2016, S. 9–14, hier: S. 12. (www.friedenspreis-des-deutschen-buchhandels.de/sixcms/media.php/1290/Friedenspreis%202016%20Reden.pdf)

198 Ebenda, S. 13 f.

199 Theodor W. Adorno: Jargon der Eigentlichkeit. Zur deutschen Ideologie. 16. Aufl. Frankfurt/Main 2006, S. 9.

200 Ebenda, S. 11.

201 Auch Guido Giacomo Preparata kommt zu dem Ergebnis, »dass sich die postmoderne Einstellung mit ihrer Sucht nach Differenzierung, Aufhebung von Landesgrenzen und Freizügigkeit tatsächlich gut mit den wesentlichen Merkmalen unseres von Großunternehmen und Marktorientierung geprägten Zeitalters verträgt«. (Preparata, a.a.O., S. 23)

202 Z. B. in: Judith Butler: Das Unbehagen der Geschlechter. Gender Studies. Aus d. Amerik. v. Kathrina Menke. 12. Aufl. Frankfurt/Main 2007, S. 63 ff.

203 Ebenda, S. 218.

204 »Das Lehren der Sprache ist hier kein Erklären, sondern ein Abrichten«, schreibt Ludwig Wittgenstein. (Wittgenstein, a.a.O., S. 239)

205 www.hannover.de/Leben-in-der-Region-Hannover/Verwaltungen-Kommunen/Die-Verwaltung-der-Landeshauptstadt-Hannover/Gleichstellungsbeauftragte-der-Landeshauptstadt-Hannover/Aktuelles/Neue-Regelung-für-geschlechter gerechte-Sprache

206 https://www.luebeck.de/de/presse/pressemeldungen/view/134698

207 Kraus, Gedichte, a.a.O., S. 75.

208 Z. B. von Michael Hampe: »Katerstimmung bei den pubertären Theoretikern«, in: *Die Zeit*, 15.12.2016.

209 Diese Position vertritt am prononciertesten Bernd Stegemann: Das Gespenst des Populismus. Ein Essay zur politischen Dramaturgie. Berlin 2017.

210 Sahra Wagenknecht: »Warum wir eine neue Sammlungsbewegung benötigen«, in: *Welt.de*, 25.6.2018. (www.welt.de/debatte/kommentare/article178121522/Gastbeitrag-Warum-wir-eine-neue-Sammlungsbewegung-brauchen.html)

211 Immanuel Kant: Kritik der reinen Vernunft. Werke in sechs Bänden. Bd. II. Hg. v. Wilhelm Weischedel. Darmstadt 1983, S. 136 (B 132).

212 Ebenda, S. 137 (B 134).

213 »But diversity cannot be the basis for identity in and of itself; it is like saying that our identity is to have no identity«, schreibt Fukuyama in seinem Buch *Identity. Contemporary Identity Politics and the Struggle for Recognition* (London 2018, S. 159).

214 Ernst-Wolfgang Böckenförde: Staat, Gesellschaft, Freiheit. Studien zur Staatstheorie und zum Verfassungsrecht. Frankfurt/Main 1976, S. 60.

215 Ebenda, S. 59.

216 Rolf Peter Sieferle: Das Migrationsproblem. Über die Unvereinbarkeit von Sozialstaat und Masseneinwanderung. Waltrop u. Berlin 2017, S. 114.

217 »Eine Verteidigung der Freiheit kann nur gelingen, wenn sie den Eigensinn der Sprache und ihre eigenständigen Entwicklungsweg verteidigt«, sagt Gerd Held. (Held, a.a.O.)

218 Diese Orientierung an Begriffskonjunkturen bleibt nicht folgenlos für den politischen Diskurs. Vgl. Esders, Alphabetisches Kapital, a.a.O., S. 107 ff.

219 Friedrich Hölderlin: Sämtliche Werke und Briefe. Zweiter Band. Hg. v. Günter Mieth. 5. Aufl. Darmstadt 1989, S. 927.

220 Ebenda.

221 Botho Strauß: Diese Erinnerung an einen, der nur einen Tag zu Gast war. Gedicht. Mit einer Nachbemerkung v. Martin Walser. München 1992, S. 50. Auf Hölderlins Lesart des »Nationellen« weist Walser in seiner »Nachbemerkung« im Anhang hin. (Ebenda, S. 80)